# Bewusstsein ist alles was ist

AF192475

# BEWUSSTSEIN

Der wissenschaftliche Beitrag

CONSCIOUSNESS IS ALL THERE IS:
A MATHEMATICAL APPROACH WITH APPLICATIONS
von
**Dr. TONY NADER, MD, PhD, M.A.R. RAJA RAAM**

Übersetzung aus dem Englischen von

# URSULA KESSEL

**Impressum**

Bibliografische Information der Deutschen Nationalbibliothek:
Die Deutsche Nationalbibliothek verzeichnet diese Publikation in der Deutschen Nationalbibliografie; detaillierte bibliografische Daten sind im Internet über http://dnb.dnb.de abrufbar.

weitere Mitwirkende: Reinhard Kessel, Renate Schinze

Titelbild, Gestaltung und Foto: Ursula Kessel

Herstellung und Verlag: BoD – Books on Demand, Norderstedt

ISBN: 978-3-7543-0693-2

# Inhaltsverzeichnis

I

IV

# Prolog

*Zu Beginn unserer kleinen Reise in die Welt des Bewusstseins möchte ich erzählen, wie ich dazu kam, diese großartige Arbeit von Dr. Nader zu übersetzen.*

*Was hat das Thema mit mir zu tun?*

*Anfang 2020 habe ich meinen Hausarzt für einen regelmäßigen Gesundheits-Check besucht. Dr. Matthis habe ich mir ausgesucht, weil ich viel von natürlichen Behandlungsmethoden halte. In seiner Praxis bietet er auch Ayurveda an und das ist eher selten zu finden. Beim Blutdruck-Messen fragt er mich, was ich denn sonst so mache und ich erzähle, dass ich mich sehr intensiv mit Quantenphysik beschäftige und ein Buch geschrieben habe: Quantensprung in die Ewigkeit – Perspektiven einer Verschränkung von Physik und Glauben. Die Verbindung von Geist und Materie ist mir ein großes Anliegen.*

*So traf es sich dann, dass Dr. Matthis mir sagte, er habe da einen interessanten Aufsatz zu dem Thema: ob er mir den mal senden könne?*

*Kurz darauf halte ich also diese Arbeit von Dr. Nader in meinen Händen und stelle fest, dass sie genau das enthält, was mir bei großen Physikern und Astronomen der Gegenwart bisher immer gefehlt hat: eine Antwort auf die ausgeklammerte Frage nach dem, was vor dem Urknall gewesen sein mag. Auch aus den Werken von Stephen Hawking konnte ich nicht plausibel entnehmen, warum plötzlich aus dem Nichts ein ganzes Universum entstehen können soll.*

*Aus Nichts kommt nichts!*

*Aber aus „Zufall" kommt Vieles. Wege werden geebnet, an Abzweigungen werden grundsätzliche Richtungen entschieden und wir bewegen uns – bildlich gesprochen – in einem Netzwerk des Universums voran: wir zeichnen unseren Lebensweg.*

*Einige Jahre lang, in meinen Zwanzigern, habe ich mich intensiv mit Yoga befasst – sowohl theoretisch als auch praktisch mit Hatha-Yoga. Die Philosophie des Buddha habe ich mit großer Zustimmung aufgenommen – nicht die praktizierte Religiosität der Buddhisten, sondern die lebensnahe philosophische Seite über die Reden Buddhas.*

*Wieder einige Jahre später habe ich bei einem chinesischen Lehrer Tai-Chi gelernt und 10 Jahre lang intensiv täglich praktiziert.*

*In meinen Skulpturen aus Stein, Papier und Keramik tauchte immer wieder die Symbolik von Schöpfung, Fragen von Leben und Tod, auch aus dem Christentum auf.*

*Und auf dem Schwanberg bei der evangelischen Communität Casteller Ring CCR habe ich Leben und Wirken der Schwestern kennen und lieben gelernt, die nach den Regeln des Benediktiner-Ordens leben. Dort wurde ich nach u. A. den Großen Exerzitien bei einem ehemaligen Jesuiten auch zur Spiritualin geweiht.*

*So sind in meinem Leben die unterschiedlichsten Gesichtspunkte spiritueller Lebensweisen aus Ost und West zusammen geflossen und haben mir gezeigt, dass auf dem Grunde des Lebens ein Ganzes ist, das alles umfängt. Und es ist nicht materiell.*

*Aus Nichts kommt nichts?*

„Im Anfang war das Wort, und das Wort war bei Gott, und das Wort war Gott. Dieses war im Anfang bei Gott.

Alles wurde durch dasselbe, und ohne dasselbe wurde auch nicht eins, das geworden ist.

In ihm war Leben, und das Leben war das Licht der Menschen" (Joh 1,1-4).

*Soweit das Zitat aus dem Johannes-Evangelium. Was ich selbst erfahren habe ist:*

Gott spricht:

ICH BIN

Darum ist nicht Nichts.

Und du, Mensch, SEI einfach.

*Wenn Dir so etwas „passiert", sind das immer die Dinge, die Dich „auf dem* **rechten** *Fuß erwischen", dies sind die richtigen, die Du nicht vergisst. Sie bringen den Kern, den Du nicht erklären kannst, und die Du vielleicht selbst erst nach Jahren wirklich verstehst – und trotzdem nicht erklären kannst.*

*Es ist eigentlich gar nicht mein Ding, mich so sehr in wissenschaftliche Werke zu vertiefen, dass es mich drängt, eine präzise deutschsprachige Version zu erstellen. Aber hier hat es mich richtig gepackt: ich hatte nicht übel Lust die Arbeit zu übersetzen, um sie wirklich bis in die Tiefe zu verstehen.*

*Gesagt – getan. Und mein Verständnis ist gewachsen, so dass ich heute in voller Überzeugung sagen kann: Dr. Nader hat Recht. Er hat so schlüssig und verständlich dargestellt, dass Alles aus dem Tripel -***Beobachter - Prozess der Beobachtung - Beobachtetes** *entstehen kann.*

*Mein Verständnis von der Welt ist schon lange ein Ganzheitliches. Zumindest die Welt, in der wir leben, ist ein einziger großer Stoffwechsel. Alles, was Materie ist, befindet sich in ständigem Wechsel der materiellen Zustände. Bis in die kleinsten Teilchen – Quanten – ist Materielles in Bewegung, und **Materie in Bewegung ist Raum und Zeit**. Auf der Ebene der Quanten können wir nicht mehr den Stein vom Steinmarder unterscheiden, und in diesem Sinn ist dieser Stoffwechsel ein Stoffwechsel des Lebens. Die Nuss der Zirbelkiefer keimt auf purem Fels, so dass die Mineralien sich zur kleinen Zirbelkiefer anverwandeln, die sich im Gestein festkrallt, Jahrhunderte lang wächst und gedeiht und letztlich im Alter ihren eigenen inneren Humus verstoffwechselt.*

*Folgen wir dem Werden des Universums vom mathematisch nachvollzogenen Urknall an, sind wir alle Sternenstaub, und im ersten Proton war bereits angelegt, dass es uns Menschen geben können wird. Wir können keine Grenzen einziehen, bis wohin etwas dem Leben zugehört oder nicht, denn schon der einfachste Stein wird zu seiner Zeit als Mineral dem Lebenden anverwandelt. Schon deshalb können wir als Menschen uns nicht exklusiv das Bewusstsein zueignen. Und wir wissen nach wie vor nicht, wie es möglich sein kann, dass in der rätselhaften grauen Masse des Gehirns aus einfacher Materie so etwas wie Bewusstsein entsteht. Muss nicht folglich alles bewusst sein? Ist nicht vielleicht doch Materie grundsätzlich durch Geist befruchtet? Ist unsere sogenannte Ursuppe ein allem zugrunde liegendes Meer aus Geisteswellen, das an der Grenze zur Materie das materielle, das mechanistische Lebensphänomen ermöglicht?*

*Ich meine, wir müssen lernen zu akzeptieren, dass da eben nicht nur Mechanistisches ist. Nichts, was sich aus sich selbst verhält, ist eine Maschine. Jegliches aus bzw. mit physikalischen und chemischen Prozessen bestehende ist Leben.*

Ob von Menschen geschaffen oder direkt aus dem Ursprung – es ist Bewusstsein, das heißt: aus Bewusstsein heraus entstanden und im Bewusstsein existierend.

Mein Weltbild hat sich von dem Dualistischen „Geist und Materie" gewandelt zu dem Bild der 2 Seiten einer Medaille. Auf der einen Seite sehen wir das Ganze, auf der anderen die Vielheit, aber in der Mitte sind beide zusammen, sie sind verflochten.

Mein bisheriges dualistisches Verständnis des Ganzen ist jetzt durch das Konzept: „Bewusstsein ist alles was ist" überschritten bzw. erweitert worden. Die Theorie von Dr. Nader begründet und belegt mathematisch ein wirkliches Ganzes – einen neuen Monismus. In der Tat: ein gewagter Schritt!

Übrigens können wir für die Potentialität, für das ON, viele weitere Begriffe gleichen Sinnes einsetzen:

SEIN = ON = Geist = Liebe = Gott = Allah = das Unbenennbare = JHWH = Chi = Schöpfer = Nichts = Alles = Potentialität = Alles UND Nichts = Bewusstsein ... usw. Es ist eine unendliche Gleichung, weltumspannend, alle Kulturen umfassend, zeitlos, ewig. Diese Gleichung ist für mich die eigentliche Weltformel, denn sie versucht das zu bezeichnen, worin unsere Schöpfung, unser materielles Universum eingebettet ist.

Für mich liegt die Vollständigkeit einer solchen Erkenntnis darin, dass sie nicht vollständiger sein **kann**. Und während ich das denke, ereignet sich am frühen Morgen draußen eine einzelne sehr starke kurze Sturmbö. Es regnet kurz, danach ist Stille.

Lübeck, 24. Mai 2021

# Dank

*Mein großer Dank gilt Dr. Michael Matthis, der mir mit der Überlassung dieses Textes von Dr. Tony Nader den Anstoß gegeben hat, meine ständige Frage danach beantworten zu können: Was hat ursprünglich zu der Schöpfung geführt, in deren Schönheit wir leben und wirken?*

*Und ich danke meiner Herzensfreundin Renate Schinze. In allen schwierigen Themen in unseren nicht enden wollenden Diskussionen ist sie mir insbesondere in allen physikalischen Herausforderungen eine unentbehrliche Partnerin und große Hilfe. Es ist einfach immer wieder schön, wie wir jede noch so große Verschiedenheit in unseren Auffassungen ganz locker ausgleichen können und wie „aus dem Hut gezaubert" die einvernehmliche Lösung erscheint. Ihre spontane und treffende Formulierung aus der Welt eines Theaterbesuchs kann verständlich machen, wo der Unterschied bzw. der Übergang zwischen Potenzialität und Realität gesehen werden kann.*

*Unverzichtbares Gegenüber und „Sparring-Partner" in allen komplizierten und schwer verständlichen Fragen hinsichtlich philosophischer und theologischer Fragestellungen ist mir mit seinem unvergleichlichen Humor und seiner unverrückbaren Gelassenheit mein lieber Mann Reinhard Kessel. Dank sei ihm für all die täglichen minuten- bis stundenlangen Gespräche über Gott und die Welt, also auch über dieses Buch und die Übersetzung von Dr. Naders „Consciousness". Er hat auch trotz der für ihn nicht gerade beliebten mathematischen Formelwelt das Korrekturlesen übernommen.*

# Beobachter - Prozess der Beobachtung – Beobachtetes

Ein Beispiel             von Renate Schinze

Nehmen wir an, ich gehe ins Theater. Es wird ein Schauspiel gegeben von einem Autor, den ich nicht kenne und auch das Stück selbst ist mir nicht bekannt.

Ich sitze im Parkett. Vor mir die Bühne, getrennt vom Publikum durch einen Vorhang. Der Vorhang trennt meine reale Welt (Realität) von der Welt, die hinter dem Vorhang ist (Potenzialität).

Dort stehen die Schauspieler. Sie alle kennen das Stück. Sie alle brauchen sich nicht gegenseitig zu beobachten, sie wissen genau, was sich in den folgenden Stunden ereignen wird. Sie haben das Stück in ihrem Bewusstsein und auch in jeder Faser ihres Körpers. Die Schauspieler haben ein Konzept. Dies ist ein Bild für die Welt der Potenzialität, des On. Die Welt der Potenzialität, die Welt in der alles gleichzeitig vorhanden ist, ohne dass sich diese Welt des On dieser Potenzialität bewusst ist.

Das Licht geht aus. Einer der Schauspieler lüftet den Vorhang ein wenig und tritt auf die Bühne der Realität. Das Spiel beginnt. Das Außergewöhnliche an diesem Stück ist, dass sich der Vorhang nie ganz öffnet. Niemand kann hinter diesen Vorhang schauen. Immer mehr Schauspieler bestimmen das Geschehen vor dem Vorhang. Ich nehme mit allen Sinnen wahr, was geschieht, und meine Realität ändert sich, erweitert sich.

Das Theater ist gut besetzt. Wir, das Publikum, schauen gebannt, was passiert, wir können nicht eingreifen. Wir wissen nicht was hinter der Bühne geschieht, aber sobald die Schauspieler vor den Vorhang treten, agieren sie miteinander. Im Publikum ist jeder Beobachter, er beobachtet alles, was auf der Bühne passiert und interpretiert es vor dem Hintergrund des eigenen Lebens, der eigenen Erfahrungen.

So werden alle im Publikum wie auch die Schauspieler selbst gleichzeitig Beobachter, die den Prozess der Beobachtung steuern. Sie agieren miteinander und sind gleichzeitig Beobachtete.

Das Stück ist zu Ende, das Publikum begeistert. Jeder geht mit seinem Eindruck nach Hause. Keineswegs ist klar, was nun das Beobachtete ist. Jeder nimmt seinen eigenen Eindruck, seine eigenen Bilder und Vorstellungen mit nach Hause.

Ein anderer Blickwinkel eröffnet sich für mich allerdings, wenn ich auf die Welt hinter dem Vorhang schaue:

Das ist die Welt des On, und im On ist es nicht notwendig, dass sich das Nichts, das ALL selbst beobachtet. Im On ist alles eins. EINS SEIN heißt für mich, ich brauche weder Beobachter noch den Prozess der Beobachtung noch Beobachtetes – alles ist eben EINS:

Da stellt sich mir die Frage, inwieweit Dr. Naders Dreiteilung eine objektive und jederzeit nachvollziehbare Aufteilung ist.

Aus meinem Blickwinkel existieren immer das Eine Unteilbare Ganze UND die Potentialität, aus der alle Möglichkeiten entspringen gleichzeitig – wie die Welt hinter dem Vorhang des Theaters.

Gerade Bilder und Vorstellungen haben in der Quantenmechanik der 20ger Jahre des letzten Jahrhunderts eine große Rolle gespielt. Bohr und Sommerfeld postulierten in ihrem Atommodell, dass die Elektronen auf festen Bahnen um den Atomkern kreisen. Heisenberg hatte die Vorstellung, dass man nicht danach fragen sollte, ob die Elektronen auf festen Bahnen kreisen, „sondern dass die Gesamtheit der Schwingungslinien der die Intensität der Linien bestimmenden Größen (der sogenannten Amplituden) als ein vollwertiger Ersatz der Bahnen gelten könne" (Werner

Heisenberg, Der Teil und das Ganze, 3. Auflage 1976 S. 76) Nur diese Größen konnte man direkt beobachten, obwohl man die Bahnen der Elektronen in einer Nebelkammer unmittelbar sehen kann. Also folgerte Heisenberg, dass es Sinn mache, nur diese Gesamtheit in seine Überlegungen einzubeziehen.

Warum schreibe ich darüber. Unter diesem Blickwinkel kann man schlussfolgern, dass jeder Mensch ein subjektives Bewusstsein entwickelt, da das Beobachtete nicht unbedingt Abbild eines objektiv verifizierbaren (physikalischen) Vorgangs ist. Auch Heisenberg hat versucht, die richtigen Formeln für die Intensität der Linien des Wasserstoffatoms in mathematische Formeln zu übertragen. Es war ihm nicht möglich. Der Beobachter, der Prozess des Beobachtens und das zu Beobachtende entziehen sich meiner Meinung nach jeder mathematischen Festlegung, da diese drei Säulen immer einem Wandel unterliegen und miteinander zusammen hängen.

Das zeigt: wir bewegen uns auch in der Wissenschaft immer im Bereich des Konzepts, auch wenn wir mathematische Belege zur Darstellung unserer Theorien heranziehen.

Wir können die Potenzialität mit unseren Mitteln nicht darstellen.

## CONSCIOUSNESS IS ALL THERE IS:
## A MATHEMATICAL APPROACH WITH APPLICATIONS
## von
# Dr. TONY NADER, MD, PhD, M.A.R. RAJA RAAM

*Das Postulat von Dr. Tony Nader lautet: Grundlage all dessen, was ist, ist Bewusstsein. Nicht Materie ist Grundlage von Bewusstsein, wie die Naturwissenschaften im Großen und Ganzen postulieren, sondern Materie entsteht – kurz gesagt - aus einem Feld, das die Eigenschaft von Bewusstsein hat.*

*Die Aussage: „Alles ist Eins" wird Monismus genannt. Wir haben es hier mit einem neuen Monismus zu tun. Der bisherige Monismus, dem etliche Naturwissenschaftler (die sog. Naturalisten) folgen, geht davon aus, dass alles Materie sei. Wie die Quantenphysik im Verlauf von mehr als 100 Jahren bewiesen hat, kann diese Annahme nicht aufrechterhalten werden. Der Grund: Elektronen sind dualistischer Natur. Sie existieren sowohl als Welle als auch in Form von Korpuskeln (Elementar-Teilchen). Das ist der sog. Welle-Teilchen-Dualismus. Sie oszillieren also zwischen Wellen- und Teilcheneigenschaft, je nachdem, ob sie gemessen (= beobachtet) werden oder nicht. Um nicht missverstanden zu werden: Welle und Teilchen sind nicht zweierlei, sie sind beides. Der unbestimmte Zustand wird in der Regel Quantenfluktuationen genannt und ist gewissermaßen der Übergangsbereich zwischen dem unerforschten Bereich der Potentialität und der uns bekannten materiellen Welt. Die von den beteiligten Quantenwellen transportierten rudimentären Informationen (Wellenfunktionen)* ergeben für einige Zustände Übergangswahrscheinlichkeiten, die die „Richtung" der aus der Potentialität entstehenden Materie beeinflussen kann. Eine – wenn nicht die – entscheidende Rolle spielt bei diesem Vorgang die Rolle des Beobachters.

Naturwissenschaftler legen nach meiner Einschätzung den Fokus hauptsächlich auf den Beobachter als auslösendem Moment für eine Veränderung und stellen ein geändertes Ergebnis fest. Das, was bei dem Messvorgang geschieht, wird Kollaps der Wellenfunktion genannt, während es sich lediglich um die Momentaufnahme eines materiellen Mikro-Zustandes handelt – entsprechend einem Schnappschuss einer Kamera, der nur einen winzigen Ausschnitt eines kontinuierlichen Geschehens zeigt. Was auf dem Weg geschieht, d.h. welcher Prozess abläuft zwischen Beobachter (= Subjekt, Messeinrichtung, weitere beteiligte Materie) und Beobachtetem (= Objekt), wird nicht ausreichend gewürdigt. Wichtig ist hier die Feststellung, dass Beobachter nicht in unserem gängigen – oberflächlichen – Sinn lediglich die Situation eines Lebewesens darstellen, sondern weit darüber hinausgeht, nämlich bis in die Tiefe der Elementarteilchen. Um den Unterschied beispielhaft darzustellen: wir Menschen nehmen vom für unsere Augen sichtbaren Teil des Universums nur die Oberfläche wahr. So wie wenn wir beim Anblick eines Bildschirms denken würden, die Oberfläche, der sog. Desktop sei die ganze Realität. In Wahrheit zeigt der Bildschirm nur die Ergebnisse einer enormen Menge von Algorithmen an. Die ganze Wahrheit hinter der Oberfläche eines Desktops ist die Funktionalität einer riesigen Menge von miteinander verbundenen Computer-Programmen.

An dieser Stelle möchte ich noch kurz auf den Prozess aus einer anderen Perspektive eingehen: Anschauung schafft Anziehung. Was meine ich damit? Wenn ich jemanden oder etwas betrachte und es mir gefällt, empfinde ich es als anziehend. Auch persönliche Merkmale, die nicht unbedingt als schön empfunden werden, werden immer unbedeutender – bis der Mensch, den ich zu lieben gelernt habe, in allen

Aspekten auch ein schöner Mensch ist. Dies ist der psychologische Prozess der Anziehung zwischen Betrachter (= Beobachter) und Subjekt (= Beobachtetem / Objekt). Die physische Entsprechung dieses Aspektes ist die Gravitation. Physikalisch gesehen schafft die Gravitation Bewegung. Ich fühle mich auf der psychologischen Ebene körperlich zu dem anderen hingezogen. Und auf der Ebene der Massenanziehung wirkt die Gravitation entsprechend bewegend. Ist die Liebe das auf allen Ebenen bewegende Moment? Der Betrachter zieht durch sein bewusstes (liebendes) betrachten sein Gegenüber in sein reales Dasein hinein.

Am tiefsten derzeit denkbaren Punkt – der Singularität bzw. dem für das gängige Konzept des Big Bang postulierten Inflaton setzt das Konzept von Dr. Nader an. Er hat das gesamte Geschehen auf der Basis seiner Theorie von der Quelle her mathematisch logisch formuliert und mit Beispielen unterfüttert.

Sein Bewusstseins-Konzept geht allerdings einen entscheidenden Schritt weiter als bisherige Konzepte zur Erklärung des Universums, indem es die Rollen des Beobachters, des Beobachtens und des Beobachteten als kongruentes Ganzes – 3-in-1 - beschreibt. Es ist absolut unabhängig und ganzheitlich.

Nun zur Ontologie, dem vielleicht wichtigsten Teil der Philosophie. Sie ist die Lehre vom SEIN. Sie befasst sich mit dem Grundsätzlichsten des Seins, beinhaltet ebenso Materie wie Metaphysik und darüber hinaus alles, was unseren Sinnen nicht zugänglich sind. Der große Bereich der Potentialität, also die auch in der Quantenphysik zu berücksichtigende Welt der Möglichkeiten, aus der die Realisierung von Materie geschieht, wird derzeit unterschiedlich bezeichnet: Dunkle Energie, Dunkle Materie, Kosmologische Konstante sind bisher Synonyme – solange ihre wahren Hintergründe nicht erforscht und wirklich geklärt sind. Zurzeit teilen sich diese Drei den Anteil des Kosmos, der nicht zu den ca. 4% Materie gehört, in unterschiedlichen Größenordnungen. Meines Wissens gibt es derzeit keinen Ansatz in der Naturwissenschaft, Dunkle

*Energie, Dunkle Materie, Kosmologische Konstante zu einem Aspekt zusammen zu fassen, der einen klaren Gegensatz zur Materie bezeichnen würde. Die Annahme dieser (physikalischen) Komponenten des Universums ist begründet durch die rechnerisch enorm hohen Energiewerte, die bisher noch keine adäquate Erklärung in der Physik gefunden hat. In der Physik wird daher dieser Bereich unter der Prämisse erforscht, dass er gewissermaßen noch nicht erforschter Teil der materiellen Welt ist. Das Verständnis vom Aufbau des Universums ist auf der Ebene der Naturwissenschaften gekennzeichnet von einer „Grenze des Erforschten": das Wissen wird mehr, das Unbekannte, Unerforschte verringert sich, bis die Wissenschaften auch noch das letzte Rätsel gelöst haben und die Weltformel – die ToE (theory of everything), die Theorie von Allem – gefunden haben. Meine Meinung ist: die Potentialität ist unerschöpflich, eine Ausleuchtung des Universums jenseits der Grenze des Materiellen wird unser menschliches Bestreben nicht erreichen. Für mich ist das unerschöpfliche Ganze, das ON, absolut und zwar unabhängig von physikalisch definierten Grenzbereichen.*

*Und nun zum Text von Dr. Tony Nader.*

Bewusstsein ist alles was ist

## Dr. Tony Nader

## – Consciousness is all there is:
## a mathematical approach with applications –

Übersetzt aus dem Englischen von Ursula Kessel

Bewusstsein ist alles was ist: ein mathematischer Zugang mit Anwendungen

*Kommentartexte sind in Kursivschrift gefasst.*

Im **International Journal of Mathematics and Consciousness** hat Dr. Nader mit Datum 31.07.2015 seine grundlegende Arbeit zur Frage veröffentlicht:

Wie entsteht das physische Universum aus Bewusstsein?

# Kurzer Abriss

*Dieses Papier beginnt mit dem Postulat, dass Bewusstsein alles ist was ist, in Umkehrung des üblichen Paradigmas der modernen Wissenschaften, dass Materie alles ist was ist. Nach einer Untersuchung dieses Postulats werden wir versuchen, es in ein mathematisches System einzuordnen, indem wir fundamentale Axiome einführen, die auf Erfahrung und Dynamik von Bewusstsein beruhen. Wir testen die Angemessenheit dieser Axiome auf zwei Arten: durch Herleitung von Konsequenzen aus diesen Axiomen und Vergleich dieser Konsequenzen mit unseren Erfahrungen von der Welt, außerdem durch Prüfung, ob bisher ungelöste Probleme durch das neue Paradigma gelöst werden können. Insbesondere bietet dieser Versuch einen Rahmen für eine Lösung des neuen Problems des Bewusstseins: wie entsteht das physikalische Universum aus Bewusstsein? In späteren Aufsätzen werden wir diesen axiomatischen Rahmen vollständiger mit weiteren Details der noch nicht weiter beschriebenen Konzepte und Beschreibungen der Axiome entwickeln.*

# Einleitung

Wie Bewusstsein aus physikalischer oder materieller Aktivität im Gehirn entsteht, ist ein schwieriges Problem in der Untersuchung von Bewusstsein. Wie kann etwas Physikalisches zu nicht-physikalischen subjektiven „Farben" und Nuancen von Bewusstsein führen wie Glück, Schmerz, zu entzückendem Erröten oder zur Schönheit einer Blume, zu Inspiration, Liebe, Hass, Hingabe und spirituellem Erleben?

Einige Denker haben das Konzept des Bewusstseins kurzerhand durch die Behauptung zurückgewiesen, dass es ein Epiphänomen sei, das weder aus sich selbst existiert noch als nicht-physikalisches Produkt von Materie und physikalischer Aktivität entsteht. Allerdings gibt es nach unserer Ansicht keinen einzigen zuverlässigen Hinweis darauf, wie physikalisches das nicht-physische subjektive Erlebnis von Bewusstsein erzeugen kann.

Moderne Wissenschaft fragt danach, ob materielle Realität selbst zu fundamentalen Ungewissheiten über physikalische Realität führt, die wir durch unsere Sinne wahrnehmen und durch unseren Intellekt begreifen. Einige quantenmechanische Beobachtungen und Schlussfolgerungen, in den letzten 8 Jahren vollständig dokumentiert und begründet, hinterfragen die wahre Existenz der Materie, wie wir sie in einer klassischen Perspektive verstehen. Schon 1944 konstatierte Max Planck: „Als ein Mann, der sein ganzes Leben der nüchternen Wissenschaft, der Erforschung der Materie widmete, sage ich: es gibt keine Materie an sich."

Weder Planck noch andere Quantenwissenschaftler meinen eine Halluzination zu haben, wenn sie den Mond sehen. Die Aussage „Es gibt keine Materie an sich" weist die Vorstellung zurück, dass Materie in absoluten Begriffen auf eigenem unveränderlichem Level existiert. Sie bezieht sich auf relative Konzepte dessen, was Materie ist und wie Materie zusammengesetzt ist. Sie legt nahe, dass Materie in Raum und

Zeit nicht in ihrem eigenen absoluten Level existiert, derart wie unsere oberflächlichen sinnlichen Wahrnehmungen es zu zeigen scheinen.

Der Mond besteht aus Molekülen, die aus Atomen gemacht sind, die wiederum aus Elementarteilchen bestehen, die Anregungen von Feldern sind, die selbst Ausdruck fundamentalerer Felder sind, die letztlich auf ein einziges einheitliches Feld verweisen. Alles was wir sehen, sind tatsächlich Wellen fundamentalerer Energiefelder. Elementarteilchen sind nichtlokal und weisen die Wahrscheinlichkeit auf, gleichzeitig überall zu sein, lediglich unter gewissen Bedingungen kollabierend, um als spezifische Objekte zu erscheinen.

Es ist nicht Zweck dieses Artikels, diese Phänomene im Detail zu analysieren; er soll vielmehr die relative Natur von Materie hervorheben und sie aus unterschiedlichen Perspektiven einschätzen.

Bei all dieser Ungewissheit können wir uns einer Sache sicher sein: wir sind bewusste Individuen. Ohne Wahrnehmung können wir weder etwas erkennen noch begreifen, sehen, beurteilen und Schlussfolgerungen ziehen, auch nicht denken oder träumen. Das Postulat dieses Beitrags ist, dass Bewusstsein primär ist, dass das ultimative Feld an der Basis all dessen, was wir als Materie beobachten, ein Feld puren Bewusstseins ist. Dieses Postulat ist nicht neu. Seine frühesten Verfechter waren die Lehrer der Vedischen Erkenntnis-Tradition in Indien, speziell des Vedanta. Es wurde in modernen Zeiten durch Maharishi Mahesh Yogi ans Licht gebracht und erläutert. Maharishi war die Quelle, Inspiration und Leiter für die in diesem Artikel ausgedrückten Gedanken. Er lehrte seine Forschungsmethoden zum Bewusstsein und gründete Bewusstseins-BasierteSM Bildungswissenschaften, am prominentesten zugänglich an der Maharishi University of Management, die dieses Journal veröffentlicht. Das Postulat, dass Bewusstsein primär ist, erscheint auch durchgehend in verschiedenen philosophischen und religiösen Theorien und Glaubensrichtungen der Geschichte und kontinuierlich bis zum heutigen Tag.

Wenn Bewusstsein primär wäre, würde es korrekt sein, das „schwierige Problem" des Bewusstseins zu revidieren und nahelegen, dass nicht untersucht werden sollte, wie Materie Bewusstsein erschafft, sondern wie Materie überhaupt angesichts des Vorrangs von Bewusstsein existiert.

Folglich postuliere ich in diesem ersten Artikel des International Journal of Mathematics and Consciousness, dass es ein uranfängliches Bewusstsein gibt das vollkommen aus sich selbst existiert – eine nicht-materielle, nicht-physikalische Realität – die weder klassisch noch quantenmechanisch, weder ein Phänomen noch ein Epiphänomen ist. Es existiert in absoluten Begriffen und ist für seine Existenz von nichts anderem abhängig.

Dieses ist soweit ein reines Postulat. Für ein Postulat oder ein Axiom bedarf es keines direkten logischen oder mathematischen Beweises. Es ist eine Annahme. Mathematik baut auf grundlegenden Axiomen und Postulaten auf, die ohne Nachweis akzeptiert sind. Die indirekte Begründung der möglichen Gültigkeit solcher Axiome ist in den praktischen und logischen Schlussfolgerungen, die wir aus ihnen herleiten, und in den Einsatzmöglichkeiten dieser Folgerungen in der „realen" Welt der Physik, Chemie und Biologie zu sehen.

Demgemäß liegt der Nutzen dieses anfänglichen fundamentalen Postulats über das primäre Sein von Bewusstsein darin, bisher nicht fassbare Mechanismen unterschiedlicher Phänomene als Gegenstand seiner Leistungsfähigkeit Fakten in Übereinstimmung mit Logik gegenüber zu stellen, obwohl vielleicht in einigen Gesichtspunkten und zu einigen vorgefassten und unbewiesenen Meinungen über die Natur der Dinge widersprüchlich.

Beinhaltet das Postulat, dass Bewusstsein primär ist, die Existenz einer Realität, die übernatürlich, letztendlich unerklärlich und unbeschreiblich ist, aber mit unserem materiellen Universum koexistiert? Das war der Denkansatz von Descartes zum Verhältnis zwischen Materie und Bewusstsein: eine Teilung der Welt in Geist und Materie. Der kartesische Blickwinkel hingegen geht an der eigentlichen Frage vorbei: „Wie interagiert das Nicht-physikalische (Geist oder Bewusstsein) mit dem Physikalischen (Materie)?" oder, entscheidender für unsere Zielsetzung in diesem Artikel, „Wie würde Bewusstsein zu Materie führen bzw. als Materie erscheinen?"

Der Fortschritt in der Physik hat für unsere Untersuchung auf der Basis des Physikalischen einen Bereich eröffnet, der seltsamerweise nicht-physikalisch erscheint. Dieses Wissen und unsere Erfahrung als Zeugen von Gedanken und Wahrnehmung scheinen für uns die Existenz des Nicht-physischen zu bestätigen, weder können wir erkennen, wie das Nicht-physische aus dem Physikalischen entsteht, übrigens auch nicht, wie das Physikalische aus dem Nicht-physikalischen hervorgeht.

Für unsere Analyse machen wir kurz einen Schritt zurück und listen einige mögliche Zusammenhänge auf zwischen Bewusstsein und Materie:

1. Materie entsteht aus irgendeinem unbegreiflichen Bereich, entwickelt sich und produziert eventuell Bewusstsein (Physikalismus oder Materialismus, mit dem „schwierigen Problem" des Bewusstseins).
2. Materie entsteht aus irgendeinem unbegreiflichen Bereich, entwickelt sich und produziert aber kein Bewusstsein; das bedeutet, dass Bewusstsein eine Illusion ist (Physikalismus oder Materialismus ohne Bewusstsein)
3. Irgendeine Art eines personhaften oder sachlichen Bewusstseins ist primär; hieraus entsteht auf irgendeinem unbegreiflichen Weg von Bewusstsein getrennte Materie (dieses schließt Philosophien des Idealismus ebenso ein wie Theorien von Schöpfung durch einen Schöpfer)

4. Bewusstsein ist primär und erzeugt keinerlei Physikalisches außerhalb seiner selbst; Materie ist lediglich real in Begriffen von Bewusstsein oder als eine Erscheinung, die Bewusstsein beinhaltet (dieses ist das in diesem Artikel dargelegte Argument)
5. Beide, Bewusstsein und Materie, existieren und keines von beiden entsteht aus dem anderen (Dualismus, häufig assoziiert mit dem Philosophen René Descartes);
6. Bewusstsein und Materie sind zwei unterschiedliche Wege, auf *eine* Realität zu schauen (neutraler Monismus)
7. Beide, Bewusstsein und Materie, sind Illusionen (in einer schwachen Form: Skeptizismus; in strenger Form: Nihilismus)

In dieser Abhandlung behaupte ich, dass die vierte Möglichkeit am besten übereinstimmt mit beiden modernen wissenschaftlichen Theorien und logischen Beweisführungen und deshalb die akzeptabelste Hypothese ist. Hierbei wird alles auf der einzigen Hypothese aufgebaut, dass Bewusstsein alles ist was ist. Die Schwierigkeit mit dieser Hypothese ist offensichtlich: wie kann es sein, dass wir das als am meisten real und existent empfinden – das ist die Materie, das Physikalische – das faktisch ein Spiel des Bewusstseins ist? Weil dieses unserer alltäglichen Wahrnehmung zu widersprechen scheint, hat dieser Aufsatz zwei Zielsetzungen.

Das erste Ziel ist, eine allgemein gültige Theorie des Bewusstseins zu begründen, die auf dem fundamentalen Postulat basiert, dass Bewusstsein alles ist was ist. Wir werden sehen, dass alles was wir wissen und wahrnehmen, als Konsequenz der Wechselwirkung mit sich selbst daraus folgt, weil Bewusstsein faktisch bewusst ist.

Das zweite Ziel ist, die generelle Theorie zu unterstützen, dass eine breite Auswahl von Problemen direkt Lösungen finden, wenn dieses Postulat angenommen wird. Diese Problemreihe erstreckt sich vom Verständnis psychologischer Konzepte wie dem Ego, Intellekt und Verstand zu Ergebnissen in der Physik wie dem „Kollaps" der Wellenfunktion.

# Überblick

Es folgt ein kurzer Überblick über die Abhandlung. Die beiden Zielsetzungen beibehaltend, die ich gerade beschrieben habe, befassen sich die ersten vier Abschnitte mit dem ersten Zweck und errichten die generelle Theorie des Bewusstseins, während die verbleibenden Abschnitte sich mit dem zweiten Ziel befassen, um ein tieferes Verständnis der Theorie und mehr Klarheit über eine Reihe von Aspekten im Umgang mit Bewusstsein und den Berührungspunkten zwischen Bewusstsein und „Bewusstsein in Aktion" in der „realen" Welt zu gewinnen.

In **Abschnitt 1** führe ich den fundamentalen Vorschlag ein, dass es ein Bewusstsein gibt, das in und durch sich selbst existiert, unabhängig von irgendeinem persönlichen Besitzer dieses Bewusstseins. Des Weiteren ist dieses Bewusstsein alles was ist, und dieses Bewusstsein ist sich selbst bewusst. Um dieses Bewusstsein von individuellem Bewusstsein zu differenzieren, wird es im Verlauf der Abhandlung als Bewusstsein geschrieben werden. Ich erkläre das, weil dieses Bewusstsein bewusst ist, es besitzt in sich selbst die drei Merkmale Beobachter, beobachten und Beobachtetes. Grundsätzlich können die Bereiche dieser drei Merkmale in Begriffen der Notationen Beobachter-sein („Observerhood"), Beobachtend-sein („Observinghood") und Beobachtet-sein („Observedhood")[1] quantifiziert werden.

Ich führe außerdem das Symbol SNG ein, um mich auf die Singularität des Bewusstseins zu beziehen und werde das Symbol ALL benutzen, wenn wir über alle möglichen Rollen des Bewusstseins sprechen.

---

[1] *Anmerkung U.K.: Es ist etwas „kompliziert" an dieser Stelle eine präzise Übersetzung für die drei elementar wichtigen Begriffe in diesem Papier zu finden. Ich hoffe, die gefundene Form unterstützt angemessen das Verständnis in der Sache.*

**Abschnitt 2** führt den Begriff eines Bewusstseins-Bits ein als Tripel der einzelnen Instanzen von Beobachter-sein, Beobachtend-sein und Beobachtet-sein. Nachfolgend geht es in

**Abschnitt 3** um das Verständnis, dass von nichts behauptet werden kann, es sei real oder existiere tatsächlich in Zeit und Raum, es sei denn, dass es ein Tripel ist, in dem keine seiner Komponenten ungleich Null ist. In anderen Worten: reale Existenz erfordert einen Beobachter, einen Prozess der Beobachtung und etwas Beobachtetes.

**Abschnitt 4** diskutiert, wie Vielfalt aus der Singularität des *B*ewusstseins entsteht durch die Wirksamkeit des bewusst seienden *B*ewusstseins. Weil es bewusst ist, ist es seiner selbst bewusst und „übernimmt" die drei spezifischen Rollen von Beobachter, des Beobachtens und des Beobachteten.

Mit **Abschnitt 5** beginne ich mit dem anwendungsbezogeneren Teil der Schrift und mit einer kurzen Einführung zum Begriff der Allwissenheit als Wesen des Speichers all dessen was ist.

**Abschnitt 6** beschreibt, wie Ego, Intellekt, Verstand, Raum/Zeit usw. als spontane Prozesse im *B*ewusstsein gesehen werden können. Zum Beispiel ist Intellekt der Prozess des Wahrnehmens der Vielfalt. Des Weiteren gehen menschliche Wesen durch eine große Anzahl von Zuständen wie Schlafen, Träumen und Wachen. Es ist auch möglich, höhere Bewusstseins-Zustände zu erleben wie Transzendentales Bewusstsein, Kosmisches Bewusstsein, Gottes-Bewusstsein oder Ganzheits-Bewusstsein.

**Abschnitt 7** skizziert, wie der Aufstieg zu diesen höheren Zuständen von Bewusstsein in den Termini der Tripel oder Bewusstseins-Bits verstanden werden kann, die in Abschnitt 2 eingeführt wurden.

**Abschnitt 8** diskutiert das berühmte Problem der Quantenphysik, das Schrödingers Katze genannt wird, und zeigt, wie es dadurch gelöst werden kann, dass wir anerkennen, dass nichts existiert ohne einen Beobachter, den Prozess der Beobachtung und das Objekt der Beobachtung.

Die weiteren verbleibenden Abschnitte wenden in Kürze das Postulat an, dass *B*ewusstsein alles ist was ist, und zwar auf eine Reihe von Themen einschließlich

> der Naturgesetze (**Abschnitt 9**),
> von freiem Willen und Determinismus (**Abschnitt 10**),
> Omnipotenz als Möglichkeit zur Veränderung (**Abschnitt 11**),
> Raum, Zeit, Schöpfung und Evolution (**Abschnitt 12**),
> Unterschiede im Bewusstsein von verschiedenen Individuen (**Abschnitt 13**),
> Verständnis des Universums (**Abschnitt 14**),
> die Bedeutung des Kollaps' der Wellenfunktion in der Quantenphysik (**Abschnitt 15**)
> und das Verständnis von Objektivität und Subjektivität aus der Perspektive, dass Objekte nicht unabhängig von Subjekten und den Prozessen, die sie verbinden, existieren (**Abschnitt 16**)

Drei Themenbereiche, einschließlich der Konzepte von Gut und Böse, werden in **Abschnitt 17** erwähnt als Gebiete für weitere Forschungen in späteren Abhandlungen, und **Abschnitt 18** enthält eine Zusammenfassung und Fazit.

Eine Liste der wichtigsten in diesem Papier eingeführten Bezeichnungen findet sich im Anhang hinter der Liste der Literaturhinweise am Ende der Abhandlung.

# 1.: Beschreibung von Bewusstsein

Während Menschen Bewusstsein als persönlich wahrnehmen, als subjektives Phänomen, schlage ich hier vor, dass es ein Bewusstsein gibt, das in sich selbst und durch sich selbst existiert, unabhängig von irgendeinem persönlichen „Eigner" dieses Bewusstseins. Ich postuliere ein Bewusstsein, das alles ist, was ist. Von diesem Postulat hergeleitet ist der Folgesatz, dass alles, das separat von diesem Bewusstsein zu sein scheint, faktisch nicht von ihm getrennt ist. Vielmehr ist alles Existierende ein Epiphänomen dieses Bewusstseins, ohne das Bewusstsein innerhalb noch in irgendeiner Weise außerhalb kausal zu beeinflussen. Um dieses Bewusstsein von individuellem Bewusstsein zu differenzieren, will ich das Wort mit einem „handschriftlichen" *B*-Initial schreiben. Dieses *B*ewusstsein kann sich also auf pures Bewusstsein beziehen, um die Tatsache zu beleuchten, dass es selbst unvermischt ist und an nichts anderes gebunden als an sich selbst.

## Axiom 1[2]

*B*ewusstsein *C* existiert, *B*ewusstsein ist alles was ist, und *B*ewusstsein ist bewusst.

Nachfolgend werden wir uns zur Vereinfachung auf diesen fundamentalen Grundsatz beziehen als „Bewusstsein ist alles was ist", mit dem Verständnis, dass wir den Rest des Axioms, dass Bewusstsein existiert und bewusst ist, einbeziehen.

---

[2] *Anmerkung U.K.: für die Formeln verwende ich die Originalkürzel*

Was von uns wahrgenommen wird als materiell oder physisch, ist ein Spiel innerhalb dieses primären Bewusstseins. Die physikalischen, materiellen Merkmale innerhalb des Bewusstseins werden deshalb nicht als nicht-existierende Illusionen in Betracht gezogen. Weil sie innerhalb des Bewusstseins sind, sind sie real, also existente Wesenheiten. Solche Wesenheiten könnten wahrgenommen werden als abstrakte Konzepte, Gedanken und Gefühle oder als konkrete, materielle, physikalische Objekte.

Daher schlage ich vor, dass es eine „Singularität" gibt, die Bewusstsein ist. Diese Singularität ist nicht physikalisch und nicht materiell. Nimmt man sie vom materialistischen Blickpunkt wahr, ist es ein Nichts. Gleichwohl ist es als Bewusstsein eine seiner selbst bewusste, auf sich selbst verwiesene Existenz. Es ist nicht begrenzt durch irgendein Konzept von Raum oder Zeit; weder kann es sich irgendwo hin bewegen noch kann es Quelle sein für irgendetwas außerhalb seines Selbst, weil dort außerhalb nichts ist. Dieses primäre Bewusstsein ist absolut, unveränderlich, ohne Anfang oder Ende, und es ist sich gleich in dem Sinn, dass jede Veränderung es unverändert verlässt. Wenn es gedacht wird in Begriffen von Raum und Zeit, ist es uneingeschränkt: im Raum unendlich, in der Zeit ewig, in der Kraft unbesiegbar. Superlative könnten ihm beigefügt werden und trotzdem definieren sie es nicht, weil es jenseits von Qualifikation und Quantifikation ist. Wir bezeichnen diese Singularität, die Bewusstsein ist, durch das Symbol SNG und schreiben Singularität.3

---

[3] Kommentar U.K.: Dieser Absatz ist ebenso schwierig wie unabdingbar für das gesamte Postulat. Es beschreibt nicht die Simultanität von *B*ewusstsein und Singularität, sondern deren Deckungsgleichheit: Singularität ist Eines, und das ist nichts anderes als der Satz: *B*ewusstsein ist alles was ist. Eben deshalb kann Singularität keine Quelle sein für irgendetwas **außerhalb seiner selbst**, weil es auf dieser Ebene der Beschreibung nur das EINE gibt, und deshalb kann

Die Eigenheit der Singularität ist, dass sie bewusst ist, und es ist diese Singularität, die das Tor öffnet zu der unendlichen Vielfalt, die wir beobachten und erleben, wie wir in den folgenden Abschnitten sehen werden.

Es könnte eingewendet werden, dass wir ein „schwieriges Problem" gegen ein anderes eingetauscht haben. Wie kann das konkrete, fühlbare, solide Universum, das wir mit unseren Sinnen erleben, den Gesetzen gehorchen, die wir untersuchen und in Teilen verstehen, wenn es aus einem abstrakten Bewusstsein entsteht, das – in materiellen Begriffen – ein Nichts ist? Ich würde die Antwort auf diese Frage „schwierige Lösung" nennen – schwierig, weil es schwer zu akzeptieren ist für uns Menschen, dass das, worauf wir am meisten vertrauen, namentlich unseren Sinnen, eine Täuschung ist. Tatsächlich hebt diese Lösung die täuschende Natur des Wahrnehmungsvermögens der menschlichen Sinne besonders hervor; es anerkennt, dass das abstrakteste das realste ist und dass das augenfällige, fühlbare das illusorischste ist. Gleichzeitig ist es die einfachste, schlichteste und einleuchtendste Lösung. In diesem Sinn ist es eine einfache Lösung – aber keine allzu simple.

Um diese unfassbare, nicht-physikalische Singularität verstehen zu können, die wir Bewusstsein nennen4, können wir sie vergleichen mit unserer subjektiven

---

es nichts außerhalb geben. Die Definition von *B*ewusstsein *hingegen ist die Formulierung der Quellen-Funktion, und diese Quelle kann durch das* **bewusst-sein** *durch den Vorgang der Dekohärenz Materie auf der Ebene der Realität schaffen, denn es ist Potentialität als Ganzes, eben inklusive aller Möglichkeiten.*

[4] *Kommentar U.K.: Die begriffliche Gleichsetzung von Singularität und Bewusstsein ist für das Verständnis der Leser\*innen eine besondere Schwierigkeit, die vielerorts in dieser Arbeit zu finden ist. Es hat auf den ersten Blick den Anschein, dass Dr. Nader zwischen den Begriffen springt. Das liegt daran, dass der Gegenstand der Forschung ein und dieselbe „Medaille" ist,*

Erfahrung von Bewusstsein, das heißt, mit der Erfahrung unserer eigenen Natur als bewusste Individuen. Im Unterschied zum absoluten Status dieser Singularität ist das menschliche Bewusstsein variabel in Intensität und Qualität. Man kann dumm sein, wachsam, schläfrig, man kann Halluzinationen haben oder seine Aufmerksamkeit auf ein bestimmtes Ding fokussieren und auf kein anderes. Das Hirn einer Person kann etwas registrieren, aber die Person muss sich dessen nicht bewusst sein. Forscher haben das Unbewusste identifiziert, das Unterbewusste, Schlaf, Traum, Koma und andere Variationen der Erfahrung von Bewusstsein. Einige dieser und anderer Begriffe sind weitgehend akzeptiert, andere werden von verschiedenen Wissenschaftlern und Philosophen unterschiedlich verwendet. Nichtsdestotrotz erfordert die grundlegende Dynamik einer bewussten Wahrnehmung ein Subjekt (einen Beobachter), das eine Erfahrung von etwas hat (ein Beobachtetes). Außerdem muss eine Verbindung oder ein Prozess existieren, der den Beobachter (das Subjekt) mit dem Beobachteten (dem Objekt) verlinkt. Dieses kann keine Sache in Qualität, Level oder Bewusstseinszustand bieten.

---

*die ständig aus zwei Perspektiven betrachtet werden muss. Die eine Perspektive ist die Singularität, die EINS ist, NICHTS und ALLES, ruhend und ungeteilt. Insofern ist Singularität ein reines Konzept. Es wird hier eher philosophisch betrachtet und nicht im Sinn des Inflaton der Physiker, die darin die Quelle des materiellen Universums sehen. Die andere Perspektive (= die andere Seite der Medaille) ist die Betrachtungsweise als Bewusstsein: bewusst zu sein bedarf der Möglichkeit, sich selbst wahr zu nehmen – wodurch schon die erste Teilung geschieht und über den Prozess der Verbindung von Subjekt und Objekt das Tor zum Werden von ETWAS geöffnet wird - daher ist sie auch das Prinzip der Potentialität, nämlich der Hort aller Möglichkeiten, aber eben nicht mehr Singularität.*
*Eine vertiefende Erläuterung zu diesem Thema finden Sie in der entsprechenden Fußnote im Abschnitt 6.4 Raum / Zeit.*

Daher gehören drei Merkmale zu jeder bewussten Wahrnehmung:

- Der Beobachter (das Subjekt – menschlich oder anders geartet)
- Das Beobachtete (das Objekt der Beobachtung – ein materielles Objekt, ein Gedanke oder Gefühl)
- Der Prozess der Beobachtung, der den Beobachter mit dem Beobachteten verbindet (zum Beispiel vom Objekt emittiertes Licht oder Geräusche)

Zu sagen, dass jemand sich über etwas bewusst ist, heißt die gleichzeitige Anwesenheit dieser drei Merkmale anzuerkennen. Ohne diese drei gäbe es keine Wahrnehmung von Bewusstsein. Während dieses für jede Wahrnehmung von Bewusstsein gilt, gelten diese drei Merkmale nicht für die Entstehung von Bewusstsein. Sie sind konzeptuell, sie implizieren die Anwesenheit von Bewusstsein, aber ihre Anwesenheit konstruiert sie nicht.

Allgemein wird angenommen, dass das Subjekt, der Beobachter, Bewusstsein hat, und das ist es, was man „auf dem Schirm" hat zu dieser Art Bewusstsein: dass die Erfahrung, bewusst zu sein, Raum greift, als wenn die Funktion des Nervensystems einen inneren Monitor kreiert und Objekte folglich über kognitive Mechanismen auf diesen Bewusstseins-Monitor projiziert werden. Das ist eine Analogie zu einer Kinoleinwand, auf die die Bilder des Films projiziert werden. Aus diesem Blickwinkel erscheint das Beobachtete – die Objekte – als Gefühle, Gedanken oder als Wahrnehmung materieller Objekte. Es gibt indessen viele Berichte über Bewusstseinserfahrungen, die nicht begleitet sind von Gefühlen, Gedanken oder Wahrnehmungen. Personen, die Transzendentale Meditationstechniken nach Maharishi Mahesh Yogi praktizieren, nennen zum Beispiel solche Erfahrungen „Pures Bewusstsein" oder „Transzendentales Bewusstsein" [8]. In der Vedischen Tradition der Meditation, jene die Samadhi genannte Erfahrungen kennt, haben viele Menschen der westlichen Traditionen entsprechende Erfahrungen erlebt [6]. Von solchen Erfahrungen wird gesagt, dass das

Beobachtete (das Objekt der Beobachtung) sich selbst bewusst ist ohne irgendeinen anderen Inhalt. Dies ist ein selbst-bezügliches oder auto-verweisendes Erlebnis, in dem Bewusstsein durch die Wirkung des menschlichen Nervensystems „auf sich selbst schaut". Es wird weitgehend angenommen, dass ein Nervensystem für jede Art von bewusstem Erleben erforderlich ist. In der Tat gibt es klare Hinweise darauf, dass Verbindungen des Gehirns mit verschiedenen Zuständen des Bewusstseins bestehen [8]. Bevor wir mit der Analyse beginnen, wie Bewusstsein mit dem Nervensystem verbunden ist, zu irgendeiner anderen Struktur oder irgendeiner physikalischen Energie, müssen wir definieren, was ein Nervensystem ist oder irgendetwas Physikalisches oder Materielles tatsächlich ist und wie es entsteht. Das wird in diesem Artikel behandelt werden. (Siehe zum Beispiel Abschnitt 3, in dem beschrieben wird, wie Erfahrungen in Bewusstsein entstehen, und Abschnitt 4, der beschreibt, wie Vielfalt aus Einheit entsteht.

Die hier vorgeschlagene Definition von Bewusstsein hingegen geht über ein individuelles Bewusstsein von Gedanken oder der „Erfahrung" des nicht Denkens hinaus. Vielmehr nehme ich an, dass es ein Bewusstsein gibt, das über jede individuelle Erfahrung von Bewusstsein hinausgeht, ein primäres Bewusstsein, das ich wie beschrieben mit einem „handschriftlichen" B -Initial kennzeichne, um es von jedem lokalen, variablen, menschlichen oder anderweitig wechselnden oder begrenzten Bewusstsein zu differenzieren.

Gleichwohl könnten wir Bewusstsein als analog denken zu der Erfahrung in meditativen Zuständen, in denen das Bewusstsein eines Individuums sich selbst beobachtet – Transzendentales Bewusstsein oder Samadhi. Wie jenes ist Bewusstsein die ultimative Singularität, sich selbst durch sich selbst beobachtend ohne irgendeine äußere Einwirkung oder Medium der Art wie ein menschliches Nervensystem.

Weil Bewusstsein bewusst ist, hat es inhärent in sich selbst die drei Merkmale Beobachter, beobachtend und Beobachtetes. Und weil es Singularität ist, ist dort nichts als es selbst, sich selbst anschauend. Daher ist der Beobachter der Prozess der Observation und also auch das Beobachtete.

Wie bereits früher festgestellt, wird in diesem Artikel die Theorie „Bewusstsein ist alles was ist" präsentiert. Man muss zugestehen, dass es gleichzeitig verschiedene Arten von Bewusstsein gibt: verschiedene Geschmacksrichtungen, Zustände, Ebenen und so weiter. Die einzige Lösung dafür, dass diese beiden Aussagen simultan wahr sind, ist dass das eine Bewusstsein (SNG) unterschiedliche Geschmacksrichtungen, Zustände und Erfahrungen von sich selbst und innerhalb seiner selbst hat.

Wir haben schon beschrieben, wie SNG die unterschiedlichen Rollen von Beobachter, Beobachtetem und dem Prozess des Beobachtens übernehmen muss, um bewusst zu sein. Wir wissen auch, dass unterschiedliche Beobachter (wie menschliche Wesen) verschiedene Geschmacksrichtungen, Zustände und Fähigkeiten zur Beobachtung haben. Daher gibt es verschiedene Wege, ein Beobachter zu sein, unterschiedliche Observations-Bedingungen und -Prozesse und diverse Objekte und Wege, wie Objekte gewürdigt werden können. Verschiedene Beobachter, das Beobachten und Beobachtete kann quantifiziert werden. Zum Beispiel: ein Mann, nennen wir ihn John, hat eine Anzahl von Möglichkeiten, wie er ein Beobachter sein kann, kann sich in einer Reihe von Beobachtungs-Situationen befinden, und kann auf vielfältige Weise als Objekt beobachtet werden. Wir nennen die Auswahl, ein Beobachter zu sein: Beobachter-Potential oder Beobachter-Bereich. Dem entsprechend nennen wir die Varianten, in denen er beobachtet werden kann, Beobachtet-Sein-Potential. Und wir nennen die unterschiedlichen Prozesse der Beobachtung, in die er eingebunden sein kann sein Beobachtend-Sein-Potential.

Auf dieser Basis und um uns in weiteren Analysen der selbstbezüglichen Dynamiken des Bewusstseins zu unterstützen, beginnen wir mit der Quantifizierung dieser drei Eigenschaften wie folgt:

- Die Reihe der Beobachter-Rolle des *Bewusstseins* kann quantifiziert werden in Begriffen seines *Beobachter-Potentials* oder *Beobachter-Bereichs*; wir benutzen das Symbol $O^R$, um diesen Bereich zu bezeichnen. Weil *Bewusstsein* alles ist was ist, muss jeder mögliche Weg, ein bewusster Beobachter zu sein, bereits in *Bewusstsein* existieren. Wir führen das Symbol ALL$^R$ ein, um alle möglichen Arten zu bezeichnen, in denen *Bewusstsein* ein Beobachter sein kann. In der Singularität von *Bewusstsein* ist $O^R$ = ALL$^R$, und wirklich ist $O^R$ unendlich.

- Eine Reihe der Beobachtend-Funktionen, die einen Beobachter mit einem Beobachteten verbinden kann, kann ebenfalls in Termini seines *Beobachtend-Sein-Potentials* bzw. *-Bereichs* quantifiziert werden; wir benutzen das Symbol $O^G$, um diesen Bereich zu benennen. Weil *Bewusstsein* alles ist was ist, existiert jeder mögliche Weg, einen Beobachter mit einem Beobachteten zu verbinden (jeder Prozess des Beobachtens) im *Bewusstsein*. Parallel zur vorherigen Definition von ALL$^R$, führen wir hier das Symbol ALL$^G$ ein, um alle Möglichkeiten des *Bewusstseins* zu bezeichnen, die ein Prozess von Beobachtung sein können. In der Singularität des *Bewusstseins* ist $O^G$ = ALL$^G$, und wirklich ist $O^G$ unendlich.

- Dementsprechend kann der Bereich der Beobachteten-Rolle des *Bewusstseins* in Termini seines *Beobachtet-Sein-Potentials* bzw. *-Bereichs* quantifiziert werden; wir verwenden das Symbol $O^D$, um diesen Bereich zu bezeichnen. Weil *Bewusstsein* alles ist was ist, existiert jeder mögliche Weg beobachtet zu sein im *Bewusstsein*. Wiederum parallel zur vorherigen Definition von

ALL$^R$ und ALL$^G$ verwenden wir den Begriff ALL$^D$ für alle möglichen Wege des *Bewusstseins*, als Objekt beobachtet oder erfahren werden zu können. In der Singularität des *Bewusstseins* ist $O^D$ = ALL$^D$, und wirklich ist $O^D$ unendlich.

Einen Wert für ALL$^R$ oder $O^R$ zu haben bedeutet, dass *Bewusstsein* in seiner Fähigkeit zur Beobachtung nicht limitiert ist. Es gibt nichts, das es nicht observieren kann und nicht observiert. Es beobachtet ständig alles, was heißt, dass es ausschließlich sich selbst beobachtet, weil es nichts anderes zu observieren gibt. Dementsprechend meint $O^G$ = ALL$^G$ alle möglichen Beobachtungen, das heißt alle Beziehungen zwischen Beobachtern (Subjekten) und Beobachteten (Objekten) sind implizit im *Bewusstsein*, und die einzig mögliche Beziehung im *Bewusstsein* ist es selbst mit sich selbst. Dementsprechend heißt $O^D$ = ALL$^D$, dass es kein Limit gibt, in dem *Bewusstsein* als Beobachtetes erscheinen kann, als ein Objekt der Observation; das bedeutet, es **ist** alle möglichen Objekte und gleichzeitig ist es selbst das einzige Objekt. Wir bezeichnen die Aggregate von ALL$^R$, ALL$^G$ und ALL$^D$ als ALL.

Unser 2. Axiom gibt eine formale Erklärung, dass *Bewusstsein* eindeutig determiniert ist durch die Konzepte $O^R$, $O^G$ und $O^D$. In diesem Axiom und durchgängig in diesem Papier verwenden wir die Regel, dass wann immer eine Wesenheit **E** eindeutig determiniert ist durch Eigenschaften $p_1$, $p_2$, ..., $p_k$, schreiben wir

$$E = E(p_1, p_2, ...., p_k).).$$

## Axiom 2

*Bewusstsein = Bewusstsein* ($O^R$ = ALL$^R$, $O^G$ = ALL$^G$, $O^D$ = ALL$^D$)

Weil $O^R$, $O^G$ und $O^D$ die Bereiche aller möglichen Rollen von *Beobachter-Sein*, *Beobachtend-Sein* und *Beobachtet-Sein* des *Bewusstseins* repräsentiert, beschreibt dieses Axiom das volle Potential des uranfänglichen primären *Bewusstseins*. Es beschreibt, was dieses Seiende ist, einschließlich der Bandbreite ALL$^R$ seiner Fähigkeit zu beobachten, der unterschiedlichen Ausstattung und Bedingungen ALL$^G$, in denen es operieren kann, und den Bereich ALL$^D$ der verschiedenen Arten, wie es sich selbst beobachten kann.

Wie oben beschrieben meint das Statement $O^R$ = ALL$^R$, dass die Arten, wie *Bewusstsein* Beobachter sein kann, alle möglichen Wege, Beobachter zu sein, umfasst. Entsprechend meint die Formel $O^G$ = ALL$^G$, dass die Wege, auf denen *Bewusstsein* an einem Prozess der Beobachtung partizipieren kann, alle möglichen Beobachtungsprozesse einschließt. Abschließend bedeutet das Statement $O^D$ = ALL$^D$, dass die Wege, auf denen *Bewusstsein* observiert werden kann, alle möglichen Wege umschließt, in denen es als ein Objekt beobachtet werden kann.

Die Bandbreite aller Möglichkeiten, ein Beobachter zu sein, Prozess der Observation oder Objekt der Beobachtung, schwankt zwischen zwei Extremen. Das erste Extrem ist Nichtvorhandensein, Nichts, was bedeutet, dass es keine Fähigkeit zur Beobachtung gibt, kein Vermögen, an einem Beobachtungsprozess teilzunehmen, und keine irgendwie geartete Kapazität, als Objekt wahrgenommen oder gesehen zu werden. Das gegenteilige Extrem ist die ultimative Fähigkeit, Beobachter, Objekt oder Beobachtungsprozess zu sein. Diese ultimative Fähigkeit ist verwandt mit der Eigenschaft der Singularität, sich selbst wahrzunehmen als Beobachter, Objekt oder Beobachtungsprozess. Dieses höchste Level, ein Beobachter zu sein, ist die Singularität selbst im Kontext eines Beobachters. Das oberste Level der Observierung ist Singularität im Kontext des Observierungsprozesses, und gleichermaßen ist das höchste Objekt von Wahrnehmung Singularität im Kontext eines Objektes von Observierung.

Um Singularität selbst zu unterscheiden von ihrer Partizipation in der Rolle eines Beobachters, eines Prozesses der Observation oder eines Beobachteten werden wir den Terminus ULTimate verwenden mit $ULT^r$ für Singularität in der Rolle des Beobachters, $ULT^g$ für Singularität in der Rolle des Beobachtungsprozesses; und $ULT^d$ für Singularität in der Rolle des beobachteten Objektes.

Demgemäß ist ULT nicht SNG selbst, sondern vielmehr ein Aspekt der Erfahrung, dass es SNG überaus ähnlich ist. Innerhalb ALL sind alle Möglichkeiten – inklusiv der Möglichkeit Pures Bewusstsein oder Singularität selbst zu erleben und der Möglichkeit, überhaupt kein Erlebnis zu haben. Zum Beispiel: das Tripel (John, x, $ULT^d$) bedeutet, dass John Pures Bewusstsein erlebt, weil das Objekt der Erfahrung ULTd ist. Das ist gegensätzlich zu (John, x, 0), wo keine Erfahrung ist, welcher Art auch immer (0).

Wir benutzen auch die Notationen $O^R$, $O^G$ und $O^D$ in allgemeiner Weise wie folgt. Wenn die Großbuchstaben R, G und D hochgestellt sind in den Symbolen $O^R$, $O^G$ und $O^D$, indizieren sie den Bereich des vollen Potentials des Beobachter-Seins, des Beobachtend-Seins und des Beobachtet-Seins verbunden mit einem speziellen Beobachter, Observierungsprozess oder Objekts der Beobachtung. Die hochgestellten Buchstaben werden Kleinbuchstaben sein – r, g und d – um den Ausdruck von Beobachter-Sein, Beobachtung und Beobachtetem in speziellen Fällen zu bezeichnen.

Die Regeln dieser Schreibweise können wie folgt zusammengefasst werden:

- Beobachter-Sein: $O^R$ markiert jedes Beobachter-Potential einer Wesenheit, Beobachter zu sein und $O^r$ beschreibt den aktuellen Beobachter-Status in spezieller Situation.
- Beobachtend-Sein: $O^G$ bezeichnet alle Bedingungen, Gesetze und Restriktionen, die den Beobachtungsprozess beeinflussen können, und $O^g$ kennzeichnet die aktuellen Bedingungen, Gesetze und Beschränkungen, die einen speziellen Observations-Prozess bestimmen.
- Beobachtet-Sein: $O^D$ bezeichnet alle möglichen Wege für ein Wesen, als Objekt wahrgenommen zu werden, und $O^d$ beschreibt die aktuelle Weise, wie eine Entität als Objekt unter spezifischen Bedingungen oder Umständen wahrgenommen wird.

Beispielsweise kann das Beobachter-Potential einer Person einen Bereich umfassen von höchster Wachsamkeit bis zum schläfrigen, müden oder sogar komatösen Zustand. Das $O^R$ dieser Person wird seinen oder ihren Beobachter-Bereich oder -Potential bestimmen. Unter speziellen Umständen, wenn die Person über eine besondere Kapazität des Beobachter-Seins verfügt, wird die bestimmende Schreibweise dieses spezifischen Status geschrieben als $O^r$.

## 2.: Bits von *Bewusstsein*

In diesem Artikel werden später einige weitreichende Implikationen für unsere zwei Axiome darüber, dass *Bewusstsein* alles ist was ist, behandelt werden. Wir werden speziell diskutieren, wie alles, was als Materie und physikalisch erscheint, als wirklich erlebt und als Materie und physikalisch wahrgenommen wird. Nun, vor dieser Erörterung, sind ein paar Definitionen und Klarstellungen hilfreich.

Das Wort „Bewusstsein" bezieht sich üblicherweise auf den Aspekt unseres Menschseins, in dem wir unserer Lebenswelt und uns selbst bewusst sind. Weil das individuelle bewusste Erleben vollständig subjektiv ist, kann das Bewusstsein eines Individuums nicht feststellen, wie das Bewusstsein eines anderen ist. Auf der Basis purer Subjektivität kann ich nicht sicher wissen, ob irgendjemand anderes ein Bewusstsein hat, das meinem oder eigentlich überhaupt irgendeinem Bewusstsein gleicht. Weiterhin glauben die meisten von uns Menschen, vielleicht zu Recht, dass wir im Vergleich mit anderen Lebensformen mit einer besonderen Art von Bewusstsein ausgestattet sind, und noch gewisser im Vergleich mit unbelebten Objekten - mit einer Art Bewusstsein, die uns befähigt selbstbewusst zu sein. Um nicht zu denken, dass das was hier erörtert wird, nur diese Ideen behandelt, ist es wichtig klar zu stellen, dass das Bewusstsein, von dem wir hier reden, von bloßem Beobachter-Sein zu unterscheiden ist.

Beobachter-Sein ist nur eines der drei Merkmale des Bewusstseins; es ist die Fähigkeit zu empfinden, zu entdecken, zu fühlen, zu erleben – kurz: alles wahrzunehmen. Ein Geigerzähler zum Beispiel wird die Qualität eines Beobachter-Seins haben als Teilchen-Detektor, der ionisierende Strahlung misst, aber von einem Geigerzähler wird man nicht sagen, er hätte Bewusstsein. Allerdings ist die *Gemeinsamkeit* von Geigerzähler, der ionisierenden Strahlung und des Messprozesses ein Bewusstseins-Bit.

Um ein anderes Beispiel zu nehmen, hat eine Person, die eine Blume anschaut, ein Beobachter-Sein, das in Abhängigkeit von ihrer oder seiner Aufmerksamkeit, Wachheit, Gedächtnis, Stress und anderen Faktoren variiert. Es könnte auch eine Computer-ähnliche, Kamera-ähnliche oder Zombie-ähnliche Art der Betrachtung der Blume sein. Kurz, es gibt viele unterschiedliche Werte von Beobachter-Sein, die die $O^R$ eines Bewusstsein-Bits sein könnten, aber in jeglicher Situation wird das Bewusstsein-Bit aus diesen drei Merkmalen bestehen: $O^r$, $O^d$ und $O^g$.

Lassen Sie uns dieses mit einem speziellen Beispiel verdeutlichen, wo eine Frau namens Jane einfach eine Blume anschaut (voraussetzend, dass kein anderer Aspekt der Blume wie Duft oder Berührung wahrgenommen wird) und benennen dieses Bewusstseins-Bit durch $C_a = (O^r, O^g, O^d)$.

Hierin sehen wir, welch besonderes Beobachter-Sein Jane in diesem speziellen Moment hat. Dieses $O^r$ hängt ab von Janes Level von Aufmerksamkeit, Interesse und was auch immer in Janes Innerem ist, das ihr zu sehen erlaubt und deshalb in diesem speziellen Bewusstseins-Bit als Beobachter teilnimmt. Es beinhaltet, neben einer Vielzahl von Faktoren, die sensorischen und anderen neuralen Mechanismen von Janes Nervensystem, die an dem Informationsprozess inklusive ihres Gedächtnisses und vorheriger Erlebnisse eingebunden sind.

Der Ausdruck $O^d$ korrespondiert mit dem Wert des Beobachtet-Seins der Blume. Das ist die der Blume zugehörige Fähigkeit, unter den Umständen beobachtet werden zu können. Die Umstände werden definiert durch $O^g$. Der Terminus $O^g$ symbolisiert die Bedingungen und Gesetze der Natur, die während des Observationsprozesses wirken. Sie beinhalten neben einer Vielzahl von Faktoren die Bedingungen der Beleuchtung im Raum, wo die Beobachtung stattfindet, den Mechanismus der Reflektion des Lichtes, der von der Blume ausgeht, und das Licht, das die Retina von Jane erreicht. Sie schließen auch die Gesetze von Biologie, Chemie und Physik ein, die dem neuralen Mechanismus innerhalb von Janes Nervensystem erlauben, unter den vorherrschenden Bedingungen zu funktionieren. Wenn es zum Beispiel in dem Raum ein giftiges Gas gäbe, das Janes Nervensystem stören würde, sie schläfrig machen würde oder sogar bewusstlos, wäre der Prozess der Beobachtung sicherlich ein anderer.

Janes Betrachtung der Blume unter spezifischen Bedingungen, dargestellt durch den Ausdruck

$$C_a = (O^r, O^g, O^d),$$

ist was wir einem Bewusstseins-Bit zuordnen. Wenn an einem anderen Tag Jane eine getönte Brille tragen würde oder in anderer Stimmung wäre, wenn das Licht im Raum wechselte, oder wenn die Blume welken würde, wird das korrespondierende Bewusstseins-Bit unterschiedlich sein, sogar wenn dieselbe Jane dieselbe Blume in demselben Raum betrachtet. Jane, der Raum und die Blume sind verändert, selbst wenn sie oberflächlich als dieselben angesehen werden. Und so ändert sich das Bewusstseins-Bit. Es ist eine neue Erfahrung.

Generell ist ein *Bewusstseins-Bit* ein Tripel $C_a = (O^r, O^g, O^d)$, wo $O^r$, $O^g$ und $O^d$ Ausdruck von Beobachter-Sein, Beobachtend-Sein und Beobachtet-Sein in einer speziellen Instanz sind.

Was würde $C_\beta = (O^{r1}, O^g, O^d)$ entsprechen, wenn $O^{r1}$ die Qualität des Beobachter-Seins eines Affen, einer Ameise, einer Kamera oder eines Geigerzählers hätte? Wir könnten diese Frage nicht beantworten, aber wir ahnen, dass das Bewusstseins-Bit ein anderes wäre. Dennoch wird in jedem Fall ein Tripel $C_\beta$ doch als ein Bewusstseins-Bit angesehen werden. Auf welche Weise, wird später in diesem Artikel erörtert werden. Zum Beispiel – siehe Abschnitt 8 – nehmen wir die Beobachter-Eigenschaft eines Elektrons in seiner weitesten Bedeutung, um nicht nur menschliche mentale

Wahrnehmung einzubeziehen, sondern auch jede andere Erkennung, Reaktion oder Interaktion.

Nun nehmen wir an, John hat die Blume zur selben Zeit betrachtet wie Jane. Wenn John die Blume betrachtet, wird das Bewusstseins-Bit jedoch ein anderes sein. Dieses spezielle Bewusstseins-Bit wird also von $C_a$ sein. Nichtsdestotrotz können wir wegen der Gemeinsamkeiten zwischen Johns und Janes Nervensystem sicherlich annehmen, dass das Erleben von John demjenigen von Jane ähnlicher ist als dem einer Ameise oder einer Kamera! Je mehr John Jane ähnlich ist, desto mehr sind die Erfahrungen und Einschätzungen vergleichbar. Es ist wichtig zur Kenntnis zu nehmen, dass in dieser Szenerie der Begriff Bewusstseins-Bit verwendet wird, um ein individuelles, spezifisches Erlebnis im *B*ewusstsein zu formalisieren. In dieser Definition ist klar, dass nicht alle Bits gleich sind, weder quantitativ noch qualitativ (im Gegensatz zu mancher Verwendung des Begriffs bit in Informations- oder Computer-Wissenschaften).[5]

Wenn ein individueller Beobachter ein hohes Ausmaß an Beobachter-Erlebnissen hat oder ein aktuelles Bewusstseins-Bit beobachtet, betrachtet der Beobachter das Bewusstseins-Bit selbst. Man sagt dann über den Beobachter, er sei sich bewusst, ein bewusstes Erlebnis zu haben – sich darüber bewusst zu sein, bewusst zu sein. Dieses wäre eine andere Stufe des Beobachter-Seins, das Bewusstseins-Bit zu beobachten. Das erste Bewusstseins-Bit ist jetzt selbst zum Beobachteten geworden. Wir können dann für Jane ein neues Bewusstseins-Bit $C_\psi$ definieren, das wie folgt

---

[5] *Kommentar U.K.: Schon wegen der unterschiedlichen Abhängigkeit von räumlichen Verhältnissen differieren die in theoretischen Wissenschaften verwendeten bits grundlegend.*

damit korrespondiert, wie Jane sich ihres Blumen-Erlebens bewusst ist: $C_\psi = (O^{r1}, O^{g1}, C_a)$.

## 3.: Wie Erfahrungen aus *Bewusstsein* hervorgehen

Dieser Artikel geht von der These aus: „*Bewusstsein ist alles was ist.*" Während wir sagen, dass „*Bewusstsein alles ist was ist*", leugnen wir die Existenz des Physikalischen (oder des Materiellen) *außerhalb* von *Bewusstsein*. Gleichzeitig müssen wir nicht die *Existenz* des Physikalischen leugnen, wenn wir in der Lage sind, es als aus *Bewusstsein* gemacht zu sehen.

Zu sagen, dass das Physikalische aus *Bewusstsein* gemacht ist, bedeutet, dass das, was als Physikalisches wahrgenommen wird, ein „Erlebnis" innerhalb des *Be*wusstseins ist. Ein „Erlebnis" zu haben, bedeutet, sich über Etwas bewusst zu sein. Wie vorher beschrieben, bedarf es zum bewusst-Sein des Tripels von Subjekt, Objekt, und des Prozesses, der beide verbindet. Daher kann nichts als physikalisch real bezeichnet werden, das nicht solch ein Tripel ist. Alles was wir uns vorstellen als Subjekt, Objekt, und Prozesse sind lediglich virtuelle Realitäten, die Komponenten eines Tripels werden können, nur ein Tripel kann reale Existenz haben.

In Begriffen dessen, was gewöhnlich unser konkretes, physisches und materielles Universum genannt wird, können wir deshalb zusammenfassen: nichts kann real genannt werden oder als in Zeit und Raum real existent, ohne dass es ein Tripel ist. Es gibt wissenschaftlich theoretische Bezugssysteme und experimentelle Forschungsergebnisse, die diese Behauptung unterstützen, aber lassen Sie es uns für den Moment einfach als einen fundamentalen Teil oder als Axiom der Theorie nehmen, die in diesem Artikel präsentiert wird. Für uns ergeben sich daraus zwei Arten von Existenz:

virtuell und real. Als real werden wir jedwedes Tripel definieren, bei dem keines seiner Komponenten gleich Null ist. Jedes andere Tripel, namentlich eines mit letztlich einer Komponente gleich 0, wird als virtuell betrachtet, ein solches Tripel wird *ein Konzept* genannt.

Wenn Jane nichts beobachtet, keinerlei Interaktion mit irgendetwas hat, oder durch nichts observiert wird, ist Jane lediglich virtuell – ein Konzept. Janes physikalische Realität hängt ab von der Existenz eines Tripels von Beobachter, Prozess und Beobachtetem. Sie hat keine unabhängige Existenz außerhalb eines solchen Tripels.

John kann seine Augen schließen und an Jane denken; er ist dann Teil eines Tripels (John, Denken, ein Gedanke an Jane). John befindet sich innerhalb einer Lebenswelt, in der multiple Tripel aus Interaktionen mit Objekten, Licht, Wärme, Geräuschen usw. entstehen. Allerdings, weil der Gedanke an Jane eine Komponente eines Tripels ist und nicht selbst ein Tripel, muss der Gedanke an Jane in Johns Geist als virtuell betrachtet werden. Viele Menschen können an dieselbe Jane zur selben Zeit auf unterschiedliche Weise denken. John kann an sie denken als ein Subjekt, das eine Rolle spielt: Jane, denkt er, muss jetzt ein mathematisches Problem lösen. Er kann ebenso an sie denken als ein Objekt, das eine Rolle spielt: ihre Studenten im Klassenzimmer beobachten sie. Dies sind virtuelle Rollen und virtuelle Realitäten, soweit die „reale" Jane betroffen ist. Während dieser Augenblicke von Johns Gedanken könnte die „reale" Jane komplett anders gekleidet sein als John sich vorstellt. Sie kann an einem anderen Ort sein und ganz andere Dinge tun als John denkt.

Basierend auf dem Wissen und dem Status von Johns Bewusstsein während der Zeit, in der er an Jane denkt, kann er mehr oder weniger treffsicher sein, was die reale Jane tut oder nicht tut. Im Wachzustand des Bewusstseins, falls er exakt weiß, wo sie ist, kann er in seinem Denkprozess präziser sein, was Jane betrifft. Im Traumzustand des Bewusstseins kann er felsenfest sicher sein, dass Jane mit ihm gerade beim Essen ist, während sie in „Realität" in einem anderen Teil der Welt eine Vorlesung hält.

Nur ein Triple, bestehend aus Subjekt, einem Prozess des Erkennens und einem Objekt darf real genannt werden. Kommen wir zurück zu der Frage, wie verschiedenartige Wahrnehmungen, die unterschiedlich erscheinen, in der einen Singularität von *Bewusstsein* entstehen.

Man mag denken, dass *Bewusstsein* vollständig definiert ist durch $O^R$, Beobachter-Sein. Indessen bleibt ohne die Anwesenheit von $O^D$ und $O^G$ selbst *Bewusstsein* – die Singularität selbst – pure Potentialität: *Bewusstsein* hat keine existierende Realität in materiellem oder physikalischem Sinn. Trotzdem sagen wir „*Bewusstsein* ist alles was ist" in einem absoluten Sinn. Damit *Bewusstsein* auch in einem absoluten Sinn real existieren kann, muss es bewusst sein, das heißt es muss selbst ein Tripel sein. Das bedeutet, dass es eine inhärente Struktur aus Beobachter, Beobachtungs-Prozess und Objekt haben muss.

Diese 3-in-1-Natur von *Bewusstsein* ist ein Konzept, jedoch ist die perfekte Symmetrie der Singularität von *Bewusstsein* durch dieses Konzept „gebrochen". Es erscheint aus *Bewusstsein* genau genommen nichts Unterschiedliches. Es gibt genau zwei Gesichtspunkte innerhalb von *Bewusstsein*. Aus einem Blickwinkel ist *Bewusstsein* Singularität und pure Potentialität. Aus dem anderen Blickwinkel ist es eine reale und bewusste Entität, die drei Werte in sich trägt. Diese drei Werte sind: sein eigenes Selbst (Beobachter), sein eigenes Selbst betrachtend (Beobachtetes), und ein selbstbezüglicher oder selbstreferentieller Beobachtungsprozess.[6]

---

[6] *Kommentar U.K.: Symmetriebrechung ist ein Begriff, der in der materiellen, also physikalischen Welt einen Phasenübergang bezeichnet. In der Singularität an sich kann es m.E. keine*

Mit diesem Konzept des 3-in-1 bewertet *Bewusstsein* sich selbst aus einer Perspektive „realer" Existenz eher als nur als eine Möglichkeit innerhalb Singularität. Dieser Symmetriebruch geschieht nicht aufgrund irgendeiner äußeren Wirkung, weil es außerhalb der Singularität nichts gibt; es geschieht, weil die Singularität *Bewusstsein* ist und *Bewusstsein* bewusst ist, was bedeutet, dass *Bewusstsein* eine 3-in-1-Natur beinhaltet. Des Weiteren ist der Symmetriebruch kein sequentieller Prozess, der sich in der Zeit entwickelt. Es gibt keine Zeit in der Singularität und deshalb keine Zeit, wenn die Drei und das Eine separat sind, keine Zeit, wenn es Eins gibt ohne die Drei.

Um die Drei-in-Eins-Natur von *Bewusstsein* mit einer Analogie zu illustrieren, denke man zum Beispiel an einen Mann, den wir John nennen, der Arzt ist und eine Frau und Kinder hat. Er kann sagen: Ich bin ein Arzt; ich bin ein Ehemann, ich bin ein Vater. Es ist derselbe John, aber er kann sich selbst betrachten in Begriffen unterschiedlicher Aspekte seiner selbst. Die hier aufgeführte Funktion erhellt die unterschiedlichen Aspekte des einen Mannes. Vergleichbar hat das eine *Bewusstsein*, wenn es seine Funktion, bewusst zu sein, als gegeben annimmt, innerhalb seiner Selbst drei verschiedene Rollen: Beobachter, Beobachtetes und den Prozess der Beobachtung.

Schauen wir uns jetzt den Gedanken an, dass John als Doktor „separiert" wird von der ursprünglichen Idee von John. Wenn John Arzt ist und seinen Beruf voll und

---

*Symmetriebrechung geben, weil es in Singularität keine Zeit gibt. Zeit kann erst als Bewegung der Materie existieren. In der Kosmologie wird die „erste" Symmetriebrechung darin gesehen, dass in der Folge des Urknalls ein Ungleichgewicht entstand: die Dominanz der Materie über die Antimaterie. Wäre dies nicht geschehen, gäbe es unser Universum nicht. Die Symmetriebrechung, von der Dr. Nader spricht, ist vollkommen anders motiviert, kann aber m.E. durchaus auf das (kontinuierliche) Entstehen des Universums übertragen werden.*

31

ganz von ganzem Herzen ausübt, ist er in gewisser Weise nicht Ehemann und Vater. Natürlich ist er grundsätzlich die Drei, aber ergänzt durch die Eigenschaften vollständig und unzweideutig überlagert diese eine Funktion die anderen. In anderen Worten, wenn John theoretisch in der idealsten Situation zu einhundert Prozent ohne andere Beeinträchtigungen durch irgendeinen Aspekt seiner Natur als Doktor funktionieren kann, hat das Bewusstseins-Bit korrespondierend mit Johns Arbeit als Doktor qualitativ ein ideales Beobachter-Sein als Doktor. Dieses Bewusstseins-Bit kann geschrieben werden als

$$C_\vartheta = (O^{r\ doctor}, g, d)$$

Wo $r_{doctor}$ Johns Beobachter-Sein als 100% Doktor repräsentiert, stellt $g$ die besonderen umgebungsbedingten Konditionen dar, unter denen er arbeitet, und $d$ ist der Patient in seiner Eigenschaft als Beobachteter.

Diese Analogie wirft ein Licht auf die Art und Weise, wie aus Singularität Drei wird. Schauen wir auf ein Tripel, wo eine der Komponenten Singularität ist, beschrieben als SNG[7]. In diesem Fall, weil Singularität alles ist was ist, müssen die beiden anderen Komponenten 0 sein, uns ein Konzept gebend, ungefähr wie ein reales Bit. Es gibt drei Möglichkeiten, korrespondierend zur Singularität eine der drei Rollen zu

---

[7] *Kommentar U.K.: Die Gleichsetzung von Singularität und Bewusstsein ist hier mathematisch begründet, um in den Formeln SNG einsetzen zu können. Ausgehend vom (ausschließlich) EINS-Sein der Singularität kann sie nämlich nicht „eine Komponente" von irgendetwas sein. Ebenso gut könnte Bewusstsein als Operator eingesetzt werden, was aber die Theorie auch nicht klarer darstellen könnte.*
*Zum Problem der Definition von Singularität siehe auch die Fußnoten im* Abschnitt 1 Beschreibung von Bewusstsein *und* 6.4 Raum / Zeit.

übernehmen, während Nichts oder Leerheit, bezeichnet durch 0, eine der zwei anderen Rollen übernimmt:

(1) Wenn SNG die Rolle eines Beobachters annimmt,
$O^r$ = SNG, $O^g$ = 0, $O^d$ = 0, so dass $C_r$ = (SNG, 0, 0)

(2) Wenn SNG die Rolle des Beobachtungsprozesses annimmt,
Og = SNG, Or = 0, Od = 0, so dass Cg = (0, SNG, 0)

(3) Wenn SNG die Rolle eines Objekts annimmt,
$O^d$ = SNG, $O^r$ = 0, $O^g$ = 0, so dass $C_d$ = (0, 0, SNG).

Dieses wird wie folgt erklärt:

(4) Wenn Singularität die Rolle eines Beobachters annimmt, während sie Singularität bleibt, kann sie keinerlei andere Rolle annehmen. Das beruht darauf, dass es nichts anderes gibt als Singularität, in diesem Fall als Beobachter. Wenn $O^r$ = SNG, sind notwendigerweise $O^d$ und $O^g$ von $C_r$ Null. Dies ist das *Konzept* der totalen oder vollsten Qualität des Aspekts des Beobachter-Seins innerhalb von *B*ewusstsein, das keinerlei Aspekt eines Objekts oder eines Beobachtungs-Prozesses hat. Dieses läuft darauf hinaus zu sagen, dass $C_r$ das Konzept eines Beobachters (SNG) ist, der kein Objekt zu beobachten hat. Es ist das *Konzept,* dass Singularität voll und ganz Beobachter ist und nichts sonst.

(5) Wenn Singularität die Rolle eines Observations-Prozesses annimmt, während sie Singularität bleibt, kann sie keinerlei andere Rolle annehmen. Das ist so, weil es nichts anderes gibt als Singularität, in diesem Fall den Prozess der Beobachtung. Wenn $O^g$ = SNG ist, sind notwendigerweise $O^r$ und $O^d$ von $C_g$ Null. Das ist das *Konzept* der totalen oder vollständigsten Qualität des

Aspektes des Beobachtend-Seins innerhalb *Bewusstseins*, das keinen anderen Aspekt von Beobachter oder Objekt hat. Es führt dazu zu sagen, dass $C_g$ das Konzept eines Beobachtungs-Prozesses (SNG) ist, der keinen Beobachter oder Objekt zur Beobachtung hat. Es ist das *Konzept,* dass Singularität voll und ganz ein Prozess der Beobachtung ist und nichts anderes.

(6) Wenn Singularität die Rolle eines Objektes annimmt, während sie Singularität bleibt, kann sie keinerlei andere Rolle annehmen. Es gibt nichts anderes als Singularität, die in diesem Fall das Objekt ist. Wenn $O^d$ = SNG, sind notwendigerweise $O^r$ und $O^g$ von $C_d$ Null. Dies ist das *Konzept* der totalen oder vollsten Qualität des Aspekts des Objekt-Seins innerhalb von *Bewusstsein*, das keinerlei Aspekt eines Beobachters oder eines Beobachtungs-Prozesses hat. Dieses läuft darauf hinaus zu sagen, dass $C_d$ das Konzept eines Objekts (SNG) ist, der keinen Beobachter oder Prozess der Beobachtung hat. Es ist das *Konzept,* dass Singularität voll und ganz Objekt ist und nichts sonst.

Es ist nicht so, dass *Bewusstsein* dreigeteilt ist. Es ist dasselbe *Bewusstsein*, das aus drei verschiedenen Perspektiven betrachtet wird. Das ist es, warum der Terminus *Konzept* in den obigen Beschreibungen hervorgehoben wurde. Weil nach Aussage unserer Theorie *Bewusstsein* alles ist was ist, muss *Bewusstsein* zwangsläufig Singularität sein; wenn es die Rolle des Beobachters annimmt, ist der Beobachter alles was ist, es gibt dann kein beobachten oder Beobachtetes. Das einzige Konzept ist der Beobachter:

$$C_r = (SNG, 0, 0).$$

Dieses trifft gleichermaßen zu für die anderen beiden Tripel $C_g$ und $C_d$.

Tatsächlich können die obigen drei Konzepte nicht durch sich selbst existieren. Wie vorher beschrieben ist alles *Bewusstsein* oder Bits von *Bewusstsein*. Wenn irgendeine Komponente eines Tripels den Wert 0 aufweist, gibt es weder *Bewusstsein* noch *Bewusstseins-Bits*, und das Tripel ist nur ein Konzept, das zwar erhalten werden kann aber nicht existiert. Deshalb definieren wir ein Konzept oder eine virtuelle Entität als jedes Tripel $C(x, y, z)$, in dem letztendlich eine der Komponenten $x$, $y$ oder $z$ gleich 0 ist.[8]

Sollten Jane und die Blume die einzigen existierenden Dinge in einer totalen Leere sein und ist es pechschwarz mit keinerlei möglicher Interaktion zwischen Jane und der Blume (hypothetisch, nicht einmal Gravitation), dann ist $O_g$, die Blume zu erleben = Null, und Jane hat keine Wahrnehmung der Blume. Es besteht das Konzept, und die Situation ist als Konzept möglich, aber das Konzept ist kein Bit von *Bewusstsein*, und man kann nicht herausfinden, dass die Blume oder Jane, was das angeht, wirklich dort ist. Ausgenommen natürlich, Jane und/oder die Blume wären in der Lage, mit irgendjemandem oder irgendetwas anderem auf irgendeine andere Weise zu interagieren. (dieses ist schlüssig begründet durch die moderne Physik und die Prinzipien des Kollapses der Wellenfunktion, wie später kurz beschrieben wird in Abschnitt 8).

In unserer Analyse der Realität finden wir daher zwei Typen von Wesenheiten: existente Entitäten (*Bewusstseins-Bits*, die die 3-in-1-Struktur von *Bewusstsein* erfordern) und nicht existente Entitäten (Konzepte). Der „schwierige" Teil der Lösung für das Problem des Bewusstseins liegt in unserer Behauptung, dass das, was praktisch jedermann als existent und real bezeichnet, nämlich Objekte, Konzepte sind.

---

[8] *Kommentar U.K.: Hieraus resultiert, dass Welt ohne Bewusstsein nur ein (noch nicht realisiertes) Konzept ist.*

Konzepte können allerdings unterhalten werden (oder konzipiert!). Wenn sie konzipiert sind, was bedeutet: wenn sie durch *Bewusstsein* „beobachtet" werden, erscheinen sie als Komponente eines Bewusstseins-Bits, das selbst real ist.

Die Tripel $C_r$, $C_d$ und $C_g$ sind deshalb, wie oben angegeben, nur Konzepte und können nicht in irgendeiner Weise aus sich selbst als existierend angesehen werden. Sie sind keine Bewusstseins-Bits. Sie sind nichts – einfach nichts als Konzepte. Weil sie Konzepte sind, können wir indessen ihre Existenz von den folgenden Bewusstseins-Bits herleiten:

$C_a = (O^r, O^g, C_r,)$, *Bewusstsein, seine Natur als Beobachter betrachtend*

$C_\beta = (O^r, O^g, C_g)$, *Bewusstsein, seine Natur als Beobachtendes betrachtend*

$C_\gamma = (O^r, O^g, C_d)$, *Bewusstsein, seine Natur als Beobachtetes betrachtend*

Wir fügen diesen dreien die ursprüngliche Erfahrung der Singularität SNG hinzu, die sich selbst als Einheit erfährt, nämlich das Wesen

$$C_{SNG} = C_{SNG} (O^r = ULT^r, O^g = ULT^g, O^d = ULT^d),$$

welches das Bewusstseins-Bit ist $(ULT^r, ULT^g, ULT^d)$.

Daher haben wir vier Aspekte der uranfänglichen Realität: eine von ihnen ist die gesamte Singularität, und drei, die die geteilte Natur dieser Singularität sind.

## 4.: Vielfalt entsteht aus Einheit

Jetzt lassen Sie uns näher auf die Singularität von *Bewusstsein* und die Mannigfaltigkeit schauen, die aus seiner Natur bewusst zu sein, resultiert.

Primordiales *Bewusstsein* wurde vorher beschrieben als die Wesenheit

$$C = C\ (O^R = ALL^R,\ O^G = ALL^G,\ O^D = ALL^D).$$

Das sagt, dass alles ist und alles, was sein kann, ist *C* und ist in *C*. Folglich ist *C* das Feld aller Möglichkeiten.

Durch Ausübung seiner eigenen Natur und Kapazität, bewusst zu sein, kennt *Bewusstsein* sich selbst, dadurch erschafft es ein Tripel, wird so Realität und nicht nur eine Potentialität. Es ist fähig, seiner selbst bewusst zu sein und gleichzeitig jede der drei spezifischen Rollen Beobachter (Subjekt), Prozess der Beobachtung und Beobachtetes (Objekt) zu übernehmen.[9]

---

[9] *Kommentar U.K.: Ein Beispiel zum Verständnis. Ich weiß, es ist nicht richtig, in dieser Dimension in Worten des Materiellen zu sprechen. Aber es geht nicht anders, leider. Also: stelle dir ein leeres Bläschen vor. Es streckt und dehnt sich, bis es – plopp! – sich trennt. Das leere Bläschen ist zwei geworden. Diese Zwei sind Zwillinge, denn sie sind beide nach wie vor Leere. (In der biblischen Geschichte gibt es das Bild, dass die Weisheit vor Gott spielt, als es noch nichts Anderes gab. Auch diese Zwei sind Zwillinge). Da wir nun zwei haben, die aus demselben entstanden sind, können sie – logisch – nicht ohne „Wissen" des Anderen da sein. Jedes der beiden ist demnach sowohl Beobachter als auch Beobachtetes. Sie nehmen sich gegenseitig wahr. Diese Wahrnehmung ist der Prozess des Beobachtens, dieser Prozess ist das Dritte. So ist aus Trennung des Einen die Drei geworden: Beobachter, Beobachtendes, Beobachtetes. Ein solcher Wahrnehmungsprozess, als Ganzes formuliert, kann nicht ohne Bewusstheit geschehen. Daher*

## 4.1 Modi von Bewusstsein

Wenn ein Bewusstseins-Bit vorkommt, ist es eine reale Wesenheit. Wie wir oben gesehen haben, muss diese reale Wesenheit ein spezifisches Tripel $b = (x, y, z)$ mit Komponenten[10] sein, die alle drei ungleich Null sind. Als eine reale Wesenheit wird es seine eigenen Fähigkeiten haben, jede der drei Rollen innerhalb neuer Tripel zu spielen. Es kann in der Rolle eines Beobachters sein (mit einer Reihe von Fähigkeiten des Beobachter-Seins). Es kann ebenso gut an Observations-Prozessen teilhaben (mit einer Spanne von Möglichkeiten des Beobachtend-Seins), und es selbst kann auf unterschiedliche Arten observiert werden (mit einer Bandbreite von Möglichkeiten des Beobachtet-Seins). Die diversen Tripel, in denen $b$ irgendeine der Komponenten ist, formen eine Kollektion, die bezogen ist auf den *Modus* des spezifischen Bewusstseins-Bits $b$; diese Kollektion wird als $M_b$ bezeichnet.

Um die Idee eines Modus zu illustrieren, lassen Sie uns ein einfaches Beispiel nehmen von einem Partikel $\alpha$, das mit einem anderen Partikel $\gamma$ in einem Medium $\beta$ (der Prozess, der sie verbindet) interagiert. Das Bewusstseins-Bit $b = (\alpha, \beta, \gamma)$ beschreibt die Interaktion. Die Wesenheit $b$ ist das Bewusstseins-Bit, in dem $\alpha$ die Rolle eines Beobachters spielt, $\gamma$ spielt die Rolle des Beobachteten, und $\beta$ spielt die Rolle des Prozesses, der sie verbindet. Das Ergebnis dieser Interaktion, die Gemeinsamkeit der drei Faktoren in einem Tripel, die wir $b$ nennen, könnte selbst ein neues Partikel

---

gilt der Satz sowohl für diese Drei wie auch für das uranfängliche „Nichts": Bewusstsein ist alles was ist, es ist bewusst.

[10] Wir werden in jeder Komponente (Rolle) innerhalb eines Tripels hochgestellte Buchstaben verwenden, um zu indizieren, dass das Tripel eine aktuell spezifische Beobachtung ist, das heißt, ein Bewusstseins-Bit. Hochgestellte Großbuchstaben innerhalb eines Tripels werden in unserer Konvention verwendet, um einen Bereich von Möglichkeiten zu indizieren.

oder beliebig viele von anderen Wesenheiten sein, die vom anfänglichen Wert von $\alpha$, $\beta$ und $\gamma$ abhängen. Gleichwohl haben wir eine neue Entität $b$. Diese neue Wesenheit kann selbst als Beobachter, Prozess des Beobachtens oder ein Beobachtetes in einer Anzahl von Arten anderer Interaktionen oder Bewusstseins-Bits partizipieren.

Rekapitulierend, was in Abschnitt 2 konstatiert wurde, als die hochgestellten Großbuchstaben $R$, $G$ und $D$ verwendet wurden, indizieren sie den Bereich des vollen Potentials des Beobachter-Seins, des Beobachtend-Seins und Beobachtet-Seins für eine spezielle Wesenheit. Für die Entität $b$ haben wir also

(7) Beobachter-Sein:   $O^R$ benennt das Beobachter-Sein-Potential von $b$.

(8) Beobachtet-Sein:   $O^D$ bezeichnet alle möglichen Wege für $b$, als Objekt wahrgenommen zu werden.

(9) Beobachtend-Sein:   $O^G$ beschreibt alle möglichen Wege, in denen $b$ als Verbindung oder ein Prozess der Beobachtung in irgendeinem Bewusstseins-Bit agieren kann.

Nun beachten Sie, dass die Kollektion $O^R$ aus allen Tripeln besteht, in denen das Bit b die erste Komponente ist. Dementsprechend besteht die Kollektion $O^G$ aus allen Tripeln, in denen das Bit b die zweite Komponente ist, und die Kollektion $O^D$ besteht aus allen Tripeln, in denen das Bit b die dritte Komponente ist. Der Modus von $b$, $M_b$, ist daher die Vereinigung dieser drei Kollektionen,

$$M_b = O^R \cup O^G \cup O^D.$$

Ein Modus ist nicht selbst ein Bewusstseins-Bit. Aber das Konzept eines Modus erlaubt uns, ein aktuelles Bit von den verschiedenen Arten zu unterscheiden, in denen das Bit selbst in einer der drei Rollen innerhalb eines Tripels partizipiert.[11]

Auf diesem Gedanken des Modus eines Bewusstseins-Bits aufbauend werden wir jetzt Formen und Netzwerke definieren. Das wird uns in die Lage versetzen, mit komplexeren Situationen umzugehen. Wir beginnen mit dem Beispiel von John, der eine Blume sieht.

$$j = (John, sehen, Blume)$$

Nachdem John die Blume gesehen hat, ist er nicht länger derselbe John. Er hat ein Erlebnis gehabt, und in welchem Ausmaß auch immer das Erlebnis ihn beeinflusst hat, hat er sich verändert. Das Bewusstseins-Bit $j$, das ihn verändert hat, begründet eine Transformation. Wenn, theoretisch, John niemals irgendein anderes Erlebnis hatte außer diese Blume zu sehen, würde der neue John aktuell $j$ sein. Selbst wenn die Blume welkte oder er an einen anderen Ort ginge, an dem es keine Blumen gäbe, würde John die Dinge aus der Perspektive von $j$ wahrnehmen. Der Modus von $j$ würde definieren, wie John sieht, gesehen wird oder irgendeine Situation beeinflusst. Es ist klar, dass John viel komplexer ist als hier beschrieben. Er ist durch unzählige andere Erlebnisse gegangen, die alle zusammen sein Potential, seinen Wirkungsbereich und Fähigkeiten definieren. Diese Erlebnisse, durch die er gegangen ist, und die

---

[11] *Kommentar U.K.: Eventuell können wir auf der Ebene der Quantenphysik diese Modi mit einem Spin eines Elektrons vergleichen.*

Mannigfaltigkeit der Modi, die sie kreieren, machen John zu dem, was er ist. Diese Kollektion von Modi ist ein Beispiel für das, was wir Form[12] nennen.[13]

Als Form ist eine Kollektion von Modi zusammen mit einer Ansammlung von Beziehungen zwischen den Bewusstseins-Bits das, was diese Modi ausmacht.

Wir werden nun die Idee eines Netzwerks einführen, um die funktionellen Dynamiken innerhalb der Formen zu beschreiben: ein *Netzwerk* ist eine Form, die zusammen mit der Funktion oder dynamischen Kopplung zwischen den Bits der Formen besteht.

Nachdem wir Bits, Modi, Formen und Netzwerke definiert haben, sehen wir uns das Konzept der Singularität und seine Differenzierung hin zur Mannigfaltigkeit am Beispiel der Anwendung dieser neuen Definitionen an.

Erinnern wir uns, dass *Bewusstsein* seinen eigenen Status als Singularität hat, nämlich die Entität

$$C_{SNG} = C_{SNG} (O^r = ULT^r, O^g = ULT^g, O^d = ULT^d),$$

und dass es auf sich selbst schauen kann auf drei verschiedene Arten:

- o   Es schaut auf sein Beobachter-Sein, welches wir als Bewusstseins-Bit benannt haben:

$$C_\alpha = (O^r, O^g, C_r),$$

---

[12] *Ergänzung U.K.: oder auch Muster, Struktur, Schema*
[13] *Kommentar U.K.: Ein Modus verändert auf einen neuen Status = Entwicklung geschieht.*

o   Es schaut auf sein Beobachtend-Sein, welches wir als Bewusstseins-Bit benannt haben:

$$C_\beta = (O^r, O^g, C_g),$$

o   Es schaut auf sein Beobachtet-Sein, welches wir als Bewusstseins-Bit benannt haben:

$$C_\gamma = (O^r, O^g, C_d).$$

In allen drei Fällen sieht *Bewusstsein* auf sich selbst als auf ein Objekt, ob das Objekt sein Beobachter-Sein ist, sein Beobachtend-Sein oder Beobachtet-Sein. Nun zeigt sich mit dem Gedanken des Modus eine neue Ebene der unendlichen Potentialität von *Bewusstsein* – neue Wege der Selbstbetrachtung sind entfaltet. Jedes dieser drei Bewusstseins-Bits hat einen Modus, der ihm zugehörig ist:

$$M_{C\alpha},\ M_{C\beta}\ \text{und}\ M_{C\gamma}.$$

Zusammenfassend bringt das uranfängliche *Bewusstsein* drei Bewusstseins-Bits hervor, und jedes der drei Bewusstseins-Bits verursacht einen Modus aus mehr Bewusstseins-Bits, die alle in Beziehung zu diesem Bit stehen. Umgekehrt übernimmt jeder Modus sozusagen eine eigene Existenz: jedes Bewusstseins-Bit in dem Modus generiert nun *seinen* eigenen Modus, bestehend aus noch mehr Bits usw...

Die Idee der Modi wurde eingeführt, um den Gedanken, dass Erleben eine Wesenheit verändert, zu bewältigen. Erfahrung modifiziert das, was eine Entität ist. Ein spezifisches Bewusstseins-Bit definiert einen Modus, der Bits beinhaltet, die ihre eigenen Modi erschaffen. Das ursprüngliche spezifische Bit ist einfach eine spezifische Erfahrung im Bewusstsein; sein Vorkommen als eine Erfahrung kreiert einen Modus als eine von diesem Erlebnis ausgehende neue Entität. Jedes neue Bewusstseins-Bit, das auf diese Weise geschaffen wurde, kann dann seinerseits als den Modus, zu dem es gehört, modifizierend gedacht werden, neue Modi auf der ganzen Linie schaffend. Jeder Modus bekommt gewissermaßen ein eigenes Leben, und dieses eigene Leben ist bestimmt durch die durch seine Bits geschaffenen Modi.

Die Entstehung von neuen Modi aus Bits ist möglich, weil wir über *Bewusstsein* sprechen, und es auf jedem Level der Differenzierung *Bewusstsein* bleibt. Modi sind keine existenten Objekte als solche; jedoch können sie als Bewusstseins-Bits als Objekte erscheinen, als ein Prozess der Observation oder als Beobachter beteiligt sein. Sie bestimmen einen Bereich von Beobachter-Sein, eine Bandbreite von Beobachtet-Sein und eine Reihe von Verfahren bzw. Beobachtend-Sein, das ein bestimmtes Bit haben kann.[14]

Wie vorher beschrieben, ist das uranfängliche primäre Pure Bewusstsein oder *Bewusstsein* unendlich und uneingeschränkt. Aus sich selbst ist es Fülle des *Bewusst*seins. Es ist alles das was ist. Die Dynamik seines Hervortretens in die Mannigfaltigkeit vollzieht sich, weil die Bewusstseins-Bits durch *Bewusstsein* hervorgerufen werden, das auf sich selbst als Objekt schaut. Allerdings sind, wie wir bereits gesehen haben, die ursprünglichen Objekte innerhalb dieser Bits nur Konzepte und daher nichts. *Be*wusstsein stellt als ein Ergebnis fest, dass es Nichts ist (ein Punkt), während es gleichzeitig weiß, dass es alles ist was ist. Folglich ist es auch Fülle (Unendlichkeit). *Be*wusstsein kennt sich selbst als Fülle und Nichts zur selben Zeit. Es ist Unendlichkeit und Punkt.

---

[14] Es ist gut hier noch einmal anzumerken, dass weder Objekte noch Subjekte noch Prozesse in und durch sich selbst existieren. In und durch sich selbst sind sie nur Konzepte. Nur die Bewusstseins-Bits, die sie enthalten, können real sein.

Es ist wichtig, in dieser Erörterung zu vermerken, dass Unendlichkeit sich auf das pure, unvermischte, ungestörte, ewige, uneingeschränkte, stille Sein bezieht, das Einheit ist, Singularität von *Bewusstsein*. Und Punkt bezieht sich auf das Konzept, das aus der Dynamik dieses Seins, sich selbst beobachtend, auftaucht.

Modi sind Ansammlungen von potentiellen Bewusstseins-Bits im unendlichen Spiel des *Bewusstseins* innerhalb seiner selbst, mit kaskadierenden unendlichen Möglichkeiten von $O^r$, $O^g$ und $O^d$, die entstehen und zu einer unendlichen Anzahl von Modi werden mit allen möglichen Arten von $O^r$, $O^g$ und $O^d$.

Alle Modi existieren virtuell im Puren Bewusstsein. Das heißt, alle unendlich vielen möglichen Modi existieren gleichzeitig als Konzepte innerhalb des Puren Bewusstseins.

Die Entität $C_{totality}$ ist die Gesamtsumme aller Möglichkeiten in *Bewusstsein* – alles das was ist oder jemals sein könnte. Dies kann ausgedrückt werden als

$$C_{totality} = C_{totality} (O^R, O^G, O^D)$$

oder gleichwertig

$$C_{totality} = C_{totality} = (ALL^R, ALL^G, ALL^D)$$

Hier bezieht sich $C_{totality}$ auf alle möglichen Bits, Dynamiken von Bits, Modi, Formen, Netzwerke und virtuellen oder realen Entitäten von *Bewusstsein*. Diese sind unendlich in der Zahl, 0 und ULT selbst einschließend. Es definiert einen Bereich, der unlimitiert ist, und $C_{totality}$ ist Fülle aller Möglichkeiten. Es verdeutlicht die dynamische Kraft innerhalb der einen ungestörten Singularität, die wir definiert haben als

$$C_{SNG} = C_{SNG} (O^r = ULT^r, O^g = ULT^g, O^d = ULT^d),$$

dass das Bewusstseins-Bit $(ULT^r, ULT^g, ULT^d)$ ist.

Die Entität $C_{SNG}$ wirft ein Schlaglicht auf den unendlichen ruhigen Aspekt von *Bewusstsein*, während $C_{totality}$ den unendlichen dynamischen Aspekt von *Bewusstsein* hervorhebt.

Nachdem dieses generelle Modell aufgebaut wurde, wenden wir uns den Anwendungen des Modells zu Beschreibungen und Lösungen eines weiten Bereichs von Aspekten zu, die in Beziehung zum Bewusstsein stehen.

Wir beginnen mit dem Gedächtnis.

# 5.: Allwissenheit und Gedächtnis

Zu erinnern heißt sich im Klaren zu sein, was im Gedächtnis gespeichert ist. Das Feld aller Möglichkeiten ist die Sammlung aller möglichen Aspekte der Dynamiken von Bewusstsein. Was im Feld aller Möglichkeiten gespeichert ist, ist die simultane Ko-Existenz all dessen was ist – alle möglichen Bits, Modi und Wesenheiten von *Bewusstsein*.

Gerade haben wir $C_{totality}$ als $C_{totality}$ ($O^R$, $O^G$, $O^D$) oder als $C_{totality}$ = (ALL$^R$, ALL$^G$, ALL$^D$) ausgedrückt. Alle simultan koexistenten Aspekte von *Bewusstsein* sind gespeichert in $C_{totality}$. Als Speicher kann $C_{totality}$ als Gedächtnis betrachtet werden. Aber um tatsächlich zu erinnern oder all dessen bewusst zu sein was ist, müssen wir es beobachten. So bekommen wir das Bewusstseins-Bit

$$C_{\text{memory}}{}^{\text{totality}} = (O^r, O^g, C_{totality}).$$

In diesem Fall ist Gedächtnis nicht nur Speicher, sondern ist tatsächlich bewusst-sein („erinnern") von all dem was ist. Es gibt deshalb einen Zustand von Wahrnehmung, in dem alles erinnert ist. Dieses totale Bewusstsein von allem was ist, kann als *Allwissenheit* bezeichnet werden.

# 6.: Prozesse im *Bewusstsein*

Wir haben innerhalb von *Bewusstsein* folgende Notationen:

(10) Singularität, SNG, ist die nicht-physikalische, nicht-materielle Singularität von *Bewusstsein*.

(11) Virtuelles Konzept: ein Tripel mit einer oder mehreren seiner Komponenten gleich Null.

(12) Bit von Bewusstsein: ein Tripel mit keiner seiner Komponenten gleich Null; hochgestellte Kleinbuchstaben.

(13) Modus eines gegebenen Bewusstseins-Bits $b$: die Ansammlung aller Bewusstseins-Bits, die $b$ als eine Komponente enthält.

(14) Formen: Eine Form ist geschaffen durch eine Ansammlung von Modi durch Beschreibung, wie die Bits, die in den Modi enthalten sind, untereinander in Beziehung stehen.

(15) Netzwerk: Ein Netzwerk sind Formen von Modi zusammen mit zusätzlichen Informationen über die Dynamik oder funktionelle Verbundenheit der Beziehungen in dem Muster[15].

(16) Kaskade: der Mechanismus, der spontan neue Bits, Modi, Formen und Netzwerke generiert.

---

[15] *Hinweis U.K.: Das im Original verwendet Wort „Pattern" wird von mir je nach Zusammenhang zum besseren Verständnis als „Muster" oder „Form" übersetzt.*

Beginnen wir am Anfang der Liste: Singularität kann nur durch sein eigenes Selbst „beobachtet" werden! Nichts ist groß genug, um es beinhalten zu können. Alles andere ist kleiner und kann es nicht anschauen.

Singularität ist *Bewusstsein*. Es beobachtet sich selbst und hat innerhalb seiner selbst die drei Konzepte von Beobachter, Beobachtetem und Prozess der Beobachtung. Wenn diese drei Konzepte separat durch Singularität beobachtet werden, entstehen drei Bewusstseins-Bits. Die Bits sind real, sogar obwohl sie auf virtuellen Konzepten basieren. Die realen Bits führen zu neuartigen Wegen von bewusst sein, weil der Beobachtungsprozess durch sie geschehen kann. Sie färben den Weg des Beobachtens und des beobachtet Werdens. Diese neuartigen Wege oder Farben sind neuartige Modi von *Bewusstsein*. Modi sind ihrerseits konzeptuell.[16] Nichts ist real mit Ausnahme eines Tripels, dessen Komponenten formuliert werden mit hochgestellten Kleinbuchstaben. Wie oben erklärt, ist ein Netzwerk eine Ansammlung von Modi, die kombiniert gemeinsam Muster von *Bewusstsein* formen. Modi, Formen und Netzwerke sind virtuelle Entitäten, aber sie bestehen aus realen Bits. Ein Bit erscheint aus Konzepten, ist aber real. Ein Bit ergreift Leben aus sich selbst, indem es einen Modus von Bewusstsein bestimmt. All' diese Rückbezüge auf sich selbst und anderes erzeugt unbegrenzte Kaskaden wie oben eingeführt wurde.

Es gibt daher einen Blickwinkel, durch den man berechtigterweise sagen kann, dass alles andere als Singularität einfach ein Konzept innerhalb der Singularität ist. Die Singularität allerdings hat eine „unendliche" Vielfalt von Konzepten, die in Bits,

---

[16] Alle Ausdrücke mit hochgestellten Großbuchstaben indizieren eine Reihe von Möglichkeiten. Für einen Modus ist ein Tripel mit hochgestellten Großbuchstaben der Bereich des Modus. Alles durch Bereiche definierte ist ein Konzept, kann aber eine Komponente eines Bewusstseins-Bits sein.

Modi und Netzwerke kaskadieren. Singularität ist EINS, aber unbegrenzte Vielfalt entsteht innerhalb ihrer *Bewusstseins-Natur*.

Ein interessanter Punkt ist, dass Bits real sind aber ihrerseits außerhalb des Bits selbst nicht erfahren werden können. Wenn John zum Beispiel in einem Raum auf die Blume schaut, entsteht ein Bewusstseins-Bit, das wir beschreiben als $C_{jrf}$ = (John, room, flower). Jedermann kann John sehen, der die Blume betrachtet, aber niemand kann erfahren, was John erlebt. Jane in demselben Raum kann nicht erzählen, was (John, room, flower) ist. Jane kann die gleichzeitige Anwesenheit von John, dem Raum und der Blume erleben. Sie kann ihr Bit des Erlebnisses aus ihrer Sicht gemeinsam oder separat haben, aber Jane kann nicht erleben, was John in dem Bit $C_{jrf}$ selbst erfährt.

Andererseits sind solche Konzepte wie ein Mann, eine Blume, ein Planet und all' die unbegrenzte Anzahl von Konzepten virtuelle Wesenheiten, aber sie alle können potentiell beobachtet werden, entweder als das, was wir üblicherweise Objekte nennen oder als solche Konzepte wie Gedanken und imaginäre Entitäten. Modi und Netzwerke sind virtuelle Entitäten, die demzufolge beobachtet werden können. Jane kann sich vorstellen, was John erlebt und kann sogar fähig sein, ein dem Seinen entsprechendes Erlebnis zu haben. Alle die möglichen Wege, die $C_{jrf}$ sein könnten, sind offen für Janes Betrachtung und mögliche Erfahrung.

Die Prozesse, durch die die „simultanen" Kaskaden geschehen, kommen aus den ursprünglichen drei Modi, die sich selbst und einander beobachten. Dieses scheint demzufolge die Progression des eins zu drei hervorzurufen – *Bewusstsein als pure Existenz wird existent (wird bewusst). Der Prozess, neun zu schaffen, kann allerdings nicht geschehen, ohne dass die ursprünglichen drei reale Entitäten werden und zu drei Modi führen, die jede eine „Identität" haben. Weil die drei sich voneinander unterscheiden, gibt es spontan das Konzept der Einzigartigkeit.

## 6.1 Ego

Diese gerade beschriebene Einzigartigkeit ist das, was die Bedeutung der Individualität oder des Selbst der Wesenheit konstituiert. Der Sinngehalt des Selbst erscheint daher als unterschiedlich vom reinen sich selbst beobachten. Man kann sich selbst sehen, und man kann sich als einzigartig betrachten. Es sind zwei unterschiedliche Bewusstseins-Bits. Einmaligkeit ist vergleichend. Wenn es nur Eines gibt (Singularität), gibt es keine Bedeutung von Einmaligkeit. Einzigartigkeit erwächst, wenn es letztlich zwei gibt und einen, der sich selbst in der Menge als einmalig betrachtet! Einzigartigkeit ist, sich selbst als unterschiedlich von anderen zu sehen. Das ist das *Ego*.

## 6.2 Intellekt

Während es zur selben Zeit drei Entitäten gibt, kann jede der drei die Differenz zwischen den anderen beiden sehen. Man sieht sich selbst als unterschiedlich von den anderen, und man sieht die Unterschiede zwischen den anderen. Dieses ist Unterscheidung. Unterscheidung ist notwendig für die Existenz der Mannigfaltigkeit. Der Prozess, der Vielfalt in *Bewusstsein* generiert, hat notwendigerweise Unterscheidung implizit in sich selbst. Das ist es, was der *„Intellekt"* genannt wird. Ohne ihn kann „viel" nicht richtig eingeschätzt werden. Es ist wichtig zu vermerken, dass der Intellekt nicht eine neue und unabhängige Fähigkeit oder Wesenheit ist. Der Intellekt ist einfach die Beobachtung von Differenzen. *Bewusstsein* hat die Eigenart bewusst zu sein, während bewusst-Sein der Vielfalt meint, eines vom anderen zu separieren. Der Intellekt ist folglich der Prozess der Wahrnehmung von Vielfalt, eines vom anderen unterscheidend.

## 6.3 Verstand

Der zur Kaskaden-Erzeugung erforderliche Prozess ist nicht auf die Entitäten begrenzt, die als unabhängige Objekte generiert werden. Jede Entität ist verschiedenartig von jeder anderen Entität, und seine Unterscheidung ist, durch sich selbst, auch bemerkenswert. Die Fähigkeit, eine Entität zu beobachten und dann eine andere, wandernd zwischen Entitäten, ist außerdem ein Prozess, der in *B*ewusstsein bemerkenswert sein kann. Dieser Prozess wird „Verstand" genannt.

Wir haben folglich Einzigartigkeit (Ego), Unterscheidung (Intellekt) und die Fähigkeit, unterschiedliche Konzepte zu beobachten (Verstand).

## 6.4 Raum / Zeit

Verschiedene Konzepte, die alle Teil der Mannigfaltigkeit sind, können gleichzeitig (zwei oder mehr zusammen) oder sequentiell (einer nach dem anderen) beobachtet werden. Die gleichzeitige Beobachtung ist *Raum*, und die sequentielle Beobachtung ist *Zeit*.

Alle Wesenheiten koexistieren und können gleichzeitig als individuelle Modi oder Netzwerke innerhalb der Vielfalt wahrgenommen werden. Ein Baum ist ein Netzwerk. Der Himmel ist ein Netzwerk. Der Wald kann als Ansammlung von Bäumen angesehen werden, das heißt: ein Netzwerk, das Wald genannt wird. Ebenso kann eine ganze Szenerie einschließlich Gebirge, dem Wald, den Häusern, den fliegenden Vögeln, den sich bewegenden Wolken und dem Himmel als eine Wesenheit (ein großes Netzwerk) wahrgenommen werden oder als eine Gruppe von Wesenheiten.

Wir haben oben gesehen, dass Wesenheiten einzigartig sind und unterschiedlich. Unterschiedliche Entitäten können gleichzeitig beobachtet werden. Ihre *simultane* Existenz als einzigartig und getrennt definiert Raum. Die Folge, in der sie beobachtet werden können, definiert Zeit. Raum ist folglich ein Konzept der Koexistenz unterschiedlicher Entitäten. Es ist ein unerlässlicher Aspekt für die Elemente der Vielfalt, simultan beobachtet zu werden. Zwei Entitäten können nicht exakt den gleichen Raum zur gleichen Zeit okkupieren. Anderenfalls würden sie exakt dieselbe Entität sein und deshalb nicht einzigartig und getrennt.

Zwei Entitäten, die den exakt gleichen Raum belegen können, aber in unterschiedlichen Zeiten, sind identische Konzepte, die zu unterschiedlichen Zeiten beobachtet werden können. Sie sind dasselbe Konzept, aber sie sind nicht Teil desselben Bewusstseins-Bits. Demzufolge sind sie als reale Entitäten (ein Tripel mit keinem

Element gleich Null) unterschiedlich. Als Konzept (ein Tripel mit einem oder mehreren Elementen gleich Null) sind sie dasselbe.

Raum ist daher nicht ein großer Ort, wo sich Dinge befinden oder sich bewegen. Raum ist ein Konzept, das die Bobachtung von zwei (oder mehr) getrennten Entitäten simultan erlaubt. Diese Entitäten können als Objekte im selben Bewusstseins-Bit beobachtet werden. Damit

$$C = C\ (a,\ b,\ c + d + \ldots + x)$$

möglich ist, ist es notwendig, dass verschiedene Konzepte c, d, …, x simultan beobachtet werden. Der Raum genannte Prozess erlaubt, dass dies geschehen kann.

Wenn es nur eine Entität gäbe, würde es kein Konzept des Raumes geben. Singularität und all' die unbegrenzten virtuellen Konzepte in ihr sind jenseits des Raumkonzeptes. Damit Raum real sein kann, muss es die simultane Beobachtung von zwei oder mehr Entitäten geben.

Zeit ist ein weiterer Prozess, der die Erfahrung der Vielfalt erlaubt. Zeit erlaubt die Beobachtung von Vielem sogar innerhalb der Grenzen eines Raumes, der durch ein Objekt belegt war. Das geschieht, während ein Objekt außerhalb der Wahrnehmung ist und ein anderes Objekt es ersetzt. Dieses ist die sequentielle Wahrnehmung der Mannigfaltigkeit. Sogar wenn es nur einen begrenzten Raum gäbe, erlaubt die Sequenz einem Objekt zu erscheinen und zu verschwinden und dem anderen Objekt, es innerhalb desselben durchgängigen Raumbereichs zu ersetzen. Zeit ist daher der Prozess, der den Entitäten der Mannigfaltigkeit erlaubt, in Folge erfahren zu werden. Singularität und alle Konzepte in ihr unterliegen nicht der Zeit. Singularität ist omnipräsent und jenseits von Zeit und Raum. Zeit und Raum sind ihrerseits virtuell. Sie sind

Teil des Mechanismus der Beobachtung; sie sind Prozesse; ihr Vorliegen ist abgeleitet von der Observation. Ihre Mechanismen sind wahrnehmbar. Sie sind Teil von $O^G$.[17]

Lassen Sie uns zuerst ein Beispiel aus der Physik ansehen. In einem Bose-Einstein-Kondensat können eine große Anzahl von Bosonen alle im selben Status sein, und dies bezieht sich auch auf die räumliche Position. Es begann ungefähr um das Jahr 2000, dass Bose-Einstein-Kondensate von schweren Atomen erschaffen wurden, insbesondere ein Bose-Einstein-Kondensat von Rubidium-85-Atomen. In

---

[17] *Kommentar U.K.: An dieser zentralen Stelle der Abhandlung scheint es sinnvoll, zu einem schwierigen Aspekt der Darstellung von Singularität eine Erläuterung zu geben.*

*Singularität ist, wie schon der Name sagt, EINS. Oben steht zu lesen: „Singularität und __alle Konzepte in ihr__ unterliegen nicht der Zeit." Diese Aussage verleitet vielerorts in diesem Artikel zu der irreführenden Annahme, dass Singularität in der verwendeten Begrifflichkeit etwas Teilbares sei. Sie ist auch als virtuelles Konzept __ein Ganzes__. Konzepte an sich sind virtuell, aber sobald wir von Konzep**ten** (im Plural) reden, sind sie in ihrer präzisen Bedeutung nicht Teil von SNG, sondern Teil der Potentialität, Teil aller Möglichkeiten, also Teil von $\mathscr{B}$ewusstsein.*

*Die vorliegende Theorie legt die **Superposition** dar, das heißt die Überlagerung von SNG und $\mathscr{B}$ewusstsein. Virtualität und Potentialität als überlagerte Konzepte sind nicht teilbar. Die zu definierende Grenze liegt exakt zwischen absoluter Kohärenz = Singularität und der Möglichkeit zur Dekohärenz = nämlich zur Teilbarkeit von $\mathscr{B}$ewusstsein in seine Drei-in-eins-Struktur mit der Möglichkeit zur Entstehung von „Welt".*

*Es kommt immer entscheidend darauf an, welche Perspektive wir einnehmen. Immer, wenn mehr als eine Komponente angesprochen ist, zum Beispiel Raum und Zeit, Atome, Partikel, Entitäten, Formen, Netzwerke etc., befindet sich auch die Theorie im Bereich des Dualismus und behandelt nicht das Konzept Singularität. In dieser Abhandlung ist die Unterscheidung immer am deutlichsten in der mathematisch formulierten Darstellung.*

diesen Experimenten können Tausende von Rubidium-Atomen im selben Quanten-Zustand sein (also in Beziehung zur räumlichen Position), und diese Atome sind real, nicht nur virtuelle Partikel.

Diese Rubidium-Atome sind jedoch quantenmechanisch delokalisiert. Ihr Vorhandensein in exakt demselben Raum ist möglich, aber es existiert keine Bewertung, wo ein Elektron oder irgendein anderes Partikel an einem genauen Punkt des Raumes lokalisiert werden kann. Jegliches Experiment könnte die Position eines Partikels nur für ein bestimmtes Gebiet feststellen.

Wenn ein theoretisches Experiment existieren könnte, ein Partikel exakt zu lokalisieren, dann würde dieses Partikel passend zu Heisenbergs Unschärferelation einen grenzenlosen Impuls erreichen; das bedeutet, dass es in einem unendlich kleinen Augenblick der Zeit über einen grenzenlosen räumlichen Bereich delokalisiert sein würde. So ein hypothetisches Partikel, passend zu seinem unendlichen Impuls, würde auch unendliche Energie haben müssen, was experimentell unmöglich ist. In unserem Modell sind Zeit und Raum prinzipiell nur Konzepte, die uns erlauben, Vielheit zu erfahren, und zwar entweder simultan im Raum oder sequentiell in der Zeit. Singularität selbst ist jenseits von Zeit und Raum, und wie unsere Konzepte der Realität unergründliche Felder von Bewusstsein (solche wie Quanten-Phänomene) und „näher" der Singularität sind, haben Zeit und Raum Dimensionen und Proportionen, die nicht leicht in klassischen Perspektiven denkbar sind. Sie sind jedoch absolut in Übereinstimmung mit dem in diesem Papier präsentierten Modell.

Lassen Sie uns ein anderes Beispiel betrachten, das die oben genannten Aspekte von *B*ewusstsein illustriert. John schaut auf ein Bouquet von Rosen und sieht dann, wie Jane den Raum betritt. Jane arrangiert die Rosen in der Vase neu. John denkt, dass sie in dem neuen Arrangement viel schöner aussehen, er denkt, wie sie verändert wurden, und für einen Moment ist seine Aufmerksamkeit ganz durch die

Rosen in Anspruch genommen. Nichts anderes ist in seinen Gedanken. Er realisiert, dass sein Verstand ganz durch diese eine Wahrnehmung gefüllt war. Er wendet sich Jane zu, und sie diskutieren, wie speziell jede Rose sein kann, wie einzigartig und verschieden von anderen Rosen, aber wie sie gemeinsam ebenfalls besonders sind, sie denken sogar darüber nach, wie alle Rosen aus gleichartigen Atomen bestehen, die ihrerseits aus den kleinsten Elementarteilchen gemacht sind, und wie jedes Elementarteilchen genau genommen nichtlokal und Teil eines Felds mit Quantenwahrscheinlichkeiten und Wellenfunktionen sein kann.

Alle diese individuellen Beobachtungen sind unabhängige Bewusstseins-Bits. John, Jane und die Rosen sind Ansammlungen von Modi und sind daher nur *Konzepte*. Die Atome sind kleinere Sammlungen von Modi, und die Elementarteilchen sind noch kleinere, grundsätzlichere Modi.

John und Jane beobachten die Einzigartigkeit und Individualität jeder Rose, daher hat jede Rose ein *Ego*.

Sie observieren die Besonderheit zwischen ihnen – das ist *Intellekt*.

Ihre Aufmerksamkeit bewegt sich von einer Rose zu einer anderen – das ist *Verstand*.

Sie beobachten, dass die Rosen unterschiedlich sind, aber simultan existieren – das ist *Raum*.

Unterschiedliche Rosen können denselben allgemeinen Raum belegen – unterschiedliche Entitäten können in denselben oder verschiedenen Teilen des Raums nacheinander existieren – das ist *Zeit*.

Wenn das Erlebnis mit den Rosen John gänzlich absorbiert, ist sein Bewusstsein völlig durch das eine Erlebnis erfüllt. Wenn er realisiert, dass er total davon absorbiert war, stellt er fest, dass der ganze Raum seiner Aufmerksamkeit gefüllt war. Dies ist ein Konzept eines *gasförmigen* Status, der den Behälter füllt, in den es hineingetan wird.

Ihre Observation der Veränderung von Bewusstsein und der Übergang eines Bits in ein anderes ist der Transformations-Prozess, der traditionell mit dem Element *Feuer* assoziiert wird.

Wenn sie sehen, wie leicht die Aufmerksamkeit von einem Bewusstseins-Bit zu einem anderen fließt und wie sie dieselben Rosen zu einem neuen Arrangement reorganisieren können – das ist *Fluidität*.

Die spezifischen und relativ unelastischen Strukturen von jeder Rose und von John und Jane ihrerseits formen den als *Stabilität* geschätzten Prozess.

In dieser Weise gibt es acht Prozesse, die „spontan" mit der Erscheinung der Vielfalt auftreten.

Sie sind:

(1) Identität oder Einzigartigkeit - *Ego*

(2) Unterscheidung - *Intellekt*

(3) Umherstreifen, wandern, die Möglichkeit zu freiem Wechsel von einer Beobachtung zu einer anderen zwischen Entitäten, ob real oder virtuell - *Verstand*

(4) Trennung zwischen einer Entität und einer anderen – Raum / Zeit

(5) Die Möglichkeit jeder Entität, ein volles Bewusstseins-Bit zu besetzen – Prinzip des *gasförmigen* Status

(6) Transformation von Bits, Entitäten und Modi – Prinzip *Feuer*

(7) Flexibilität und *Fluidität* des Modus oder Bit von Bewusstsein

(8) Spezifische *Struktur* und Beständigkeit jedes Bewusstseins-Bits – Prinzip *Stabilität*

Lassen Sie uns eine Anwendung für diese Ideen anschauen. Ein Elektron ist für sich genommen ein Konzept. In aller Vielfalt gibt es nur ein Elektron-Konzept und keine große Zahl von Elektronen, die herumfliegen und darauf warten, eingefangen zu werden. Das Konzept „Elektron" indessen kann durch eine unbegrenzte Anzahl von Beobachtern benutzt werden. Es kann wirken, als wenn es tatsächlich viele separate und unabhängige Elektronen gäbe. Aber solche Objekte wie ein Elektron existieren niemals in und durch sich selbst. Objekte sind lediglich virtuelle Konzepte. Realität ist ausschließlich zusammengesetzt aus Tripeln. Konzepte können in unbegrenzter Zahl von Instanzen und auf vielfältigen Wegen benutzt werden. Ein bestimmtes Konzept, solches wie ein Elektron, kann in simultanen oder sequentiellen Bewusstseins-Bits koexistieren und erscheinen, als bestünde es auf einer unbegrenzten Anzahl von Wegen. Die Kollektion aller möglicher Wege, auf denen ein Elektron auftauchen kann, wird Elektronen-Feld genannt. Dies ist vergleichbar mit dem elektromagnetischen Feld in der Physik.

Wenn wir das Feld aller Möglichkeiten von *Bewusstsein* zeichnen müssten,

$$Bewusstsein = Bewusstsein \ (O^R = ALL^R, \ O^G = ALL^G, \ O^D = ALL^D),$$

im Kartesischen Koordinatensystem mit der X-Achse für $O^R$, der Y-Achse für $O^G$ und der Z-Achse für $O^D$, wird es einen Punkt geben auf der X-Achse, die sich auf das Elektron-Konzept bezieht. Die Ebene, die diesen Punkt kreuzt und parallel zu den Y- und Z-Achsen liegt, ist das Elektronen-Feld. Dies ist eine grobe Vereinfachung, weil es das Elektron beschreibt, wenn es als solches beobachtet wird und nicht als Teil von

Kollektionen. Es ist auch grob vereinfacht, weil andere Dimensionen involviert sind, einschließlich Sequenz und deshalb der Zeit, ebenso wie Modi und ihre Ansammlungen, die den Elektronen und Atomen erlauben, als Bestandteile anderer Konzepte verfügbar zu sein. Gleichwohl gibt es ein Feld für jedes Konzept und daher ein Feld für alles und jeden. Und diese Felder können auf einer Ebene lokalisiert werden. Ein Feld für John, das Jane-Feld, das Baum-Feld, das Atom-Feld und so weiter. (in einer späteren Ausarbeitung werde ich diese Dinge genauer erörtern mit ihren Implikationen und Freiheitsgraden).

Weil alle oben beschriebenen acht Prozesse erforderlich sind, sind sie ebenso sehr ein Erfordernis für Singularität, um eine existente Entität zu sein wie auch für das ursprüngliche Drei-in-Eins-Konzept. Um existent zu sein, muss deshalb Singularität nicht einfach die Drei-in-Eins-Struktur haben. Es muss ebenso ALL haben. Dieses ALL ist *alles* von allem $O^R$ , $O^G$ , $O^D$. Insbesondere schließt es alle oben genannten Prozesse ein, die mit der Differenzierung der Einheit in die Vielfältigkeit hinein auftauchen. Vielfalt ist daher nicht nur eine Vielfalt von virtuellen Objekten, sondern ebenso eine Vielfalt von virtuellen Prozessen, die Muster von Modi schaffen, nicht bloß Komponenten oder Bestandteile. Jede einzelne Gruppe von Modi kann eine große Anzahl von Formen bzw. Mustern haben, die in Begriffen von Planmäßigkeit oder Entropie beschrieben werden könnten.

Singularität ist ULT und ALL zusammen. Aus einem existenten / nicht-existenten Blickwinkel (entsprechend zu materiellen, physikalischen Existenz-Konzepten):

- o   ULT kann gesehen werden als nicht offenkundig;

- o   ALL ist alles offenbare.

Wir können dieses auch interpretieren als Ruhe und / beziehungsweise Dynamik.

Die Begriffe Nichts und Fülle können ebenso gebraucht werden. Allerdings, abhängig von Perspektive oder Blickwinkel, kann ULT entweder als Nichts oder Fülle angesehen werden, und das gilt in ähnlicher Weise für ALL.

Je größer die „Unterscheidung" von der Einheit zur Vielfalt, desto größer die Komplexität, desto größer die Zahl der Modi, desto größer die potentielle Kollektion von Modi. Auch dieses beruht auf den Beziehungen, die nun Subjekt zum Vergleich im Raum sind (Distanz), Berücksichtigung der Sequenz (Zeit), Gleichartigkeit oder Verschiedenheit (Ausmaß der Veränderung), Flexibilität (Fluidität) und Härte (strukturelle Starrheit). Daher sind alle Prozesse kontinuierlich Subjekt dessen, was im Sanskrit die acht *prakritis* genannt wird. Formen entstehen, die komplexer sind als Zahlen. Es ist sodann eine Kaskade von Drei in weitere Drei und so weiter.

Es gibt Unterscheidung und Isolation, die wegführt von Singularität und unterschiedliche Teile von ALL abtrennt. In Kombination mit Modi gibt es ebenso Vereinheitlichung, die enger und enger zurück zur Singularität leitet (zur Einheit und Ganzheit von ALL). Es kann ebenso eine zusätzliche Komplexifizierung geben. Demnach können die dynamischen Prozesse, die aus Netzwerken von Modi resultieren, die Netzwerke in eine von drei Richtungen bringen:

1. Evolutionäre oder konstruktive Tendenzen, wachsend hin zu größeren Fähigkeiten, ULT zu schauen oder Gemeinsamkeit und Einheit innerhalb ALL zu sehen: - Sattwa;

2. Unterbrechend, was bedeutet, große Veränderungen modifizieren die Fähigkeit nicht signifikant, ULT zu schauen noch Gemeinsamkeit und Einheit innerhalb ALL zu sehen – Rajas;

3. Zerstören und vermindern der Fähigkeit, ULT zu sehen oder die Gemeinsamkeit und Einheit innerhalb ALL zu sehen – Tamas.

In seiner Ganzheit enthält ALL die Gesamtheit des dynamischen Aspektes von ULT. ALL ist ULT in seinem dynamischen Aspekt. (Dies wird später in einer weiteren Abhandlung entwickelt werden.)

# 7.: Wer bin ich? Seele, Ego, Intellekt, Verstand

Jedermann und alles ist deshalb eine Form[18] von *Bewusstsein*. Das Elementarteilchen ist eine Art eines winzigen Konzeptes im *Bewusstsein*. Es ist ein virtuelles Konzept, das zu einem manifesten *Bewusstseins*-Bit führt, wenn es Teil eines Observations-Prozesses mit einem Beobachter irgendeiner Art ist. Menschliche Wesen sind höchst komplex und systematische Zusammenstellungen einer großen Zahl von Modi von *Bewusstsein*. Trotzdem, wie ein Teilchen, existieren sie virtuell in *Bewusstsein*, können aber als Komponenten eines realen *Bewusstsein*-Bits erscheinen, zusammen mit einem Beobachtungs-Prozess und einem Beobachter.

Wir sind nicht einfach ein Beobachter, ein Objekt oder ein Beobachtungs-Prozess. Wir sind *Bewusstsein*, und *Bewusstsein* existiert nur in einer Drei-in-eins-Struktur. Wir sind Bündel von *Bewusstseins*-Modi; daher ist die Bandbreite von jedem dieser Drei das für uns Verfügbare zur Definition unserer Individualität. Wann immer wir etwas untersuchen, auf etwas schauen oder irgendetwas wahrnehmen, machen oder negieren wir etwas von dem auf, wer wir sind. Das ist der Grund, weshalb wir neue *Bewusstseins*-Bits durchleben (Erfahrungen jedweder Art), und die Bits modifizieren die verschiedenen Modi, aus denen wir bestehen.

Daher ist das Selbst $S$ von allem zu jeder bestimmten Zeit die Gemeinsamkeit aller Modi $M$, das die Wesenheit ausmacht. Nun schlagen wir ein Axiom vor, das das Selbst $S$ als eine Entität beschreibt, die durch Modi bestimmt wird. Erinnern wir uns an eine Entität $E$, die einmalig ist, wann immer sie bestimmt ist durch Eigenschaften $p_1$, $p_2$, …, $p_k$, dann schreiben wir $E = E(p_1, p_2, …, p_k)$.

---

[18] *Kommentar U.K.: (bzw. ein Muster)*

# Axiom 3

Selbst = $S$ = $S$ $(M_1, M_2, \ldots)$ wo jedes $M_i$ einen spezifischen Modus repräsentiert.

Was ein spezielles Bündel von Modi konstituiert, das als eine individuelle Wesenheit wahrgenommen wird – sagen wir Jane –, kann wie alle anderen Entitäten durch ein ungeteiltes und 3 getrennte Aspekte definiert werden:

(1) Der ganzheitlich ungeteilte Aspekt, aus dem Jane besteht, repräsentiert in ihrem vollen Potential:

$$S_{Jane} = (O^R, O^G, O^D).$$

Dieses ist die Einheitlichkeit all dessen, was Jane ist.

(2) Wie Jane auf ihr eigenes $O^R$ schaut:
$$S_{Jane} o^R = (O^{R1}, O^{G1}, O^D).$$

(3) Wie Jane auf ihr eigenes $O^G$ schaut:
$$S_{Jane} o^G = (O^{R2}, O^{D2}, O^G).$$

(4) Wie Jane auf ihr eigenes $O^D$ schaut:
$$S_{Jane} o^D = (O^{R3}, O^{G3}, O^D).$$

Die letzten drei Punkte heben hervor, wie Jane sich selbst unter unterschiedlichen Umständen empfindet, wie sie die Prozesse oder Naturgesetze wahrnimmt, die ihre Interaktion mit ihrer Außenwelt beeinflussen, und wie sie sich selbst als Objekt wahrnimmt.

Jane ist all diese Wertigkeiten zusammmen. Dieses ist ihr Dasein als Individuum. Ihr gesamtes individuelles Dasein ist ihre Seele oder *Jiva*. Dies ist die Nummer (1) oben:

$$S_{Jane} = (O^R, O^G, O^D).$$

Ihr „Selbst", Ego (*Ahamkar* in Sanskrit) ist:

$$S_{Jane} \, o^R = (O^{R1}, O^{G1}, O^D).$$

Ihre Fähigkeit zu unterscheiden und rational zu denken, Intellekt (*Buddhi* in Sanskrit), ist

$$S_{Jane} \, o^G = (O^{R2}, O^{D2}, O^G).$$

Ihr Verstand, fähig sich über alle Möglichkeiten zu wundern, (*Manas* in Sanskrit), ist

$$S_{Jane} \, o^D = (O^{R3}, O^{\,G3}, O^D).$$

Bedenke, wie wir das Leben angehen und von dem wir denken, es sei unser Selbst! Es ist normalerweise eine Folge von Bewusstseins-Bits. Wir können mit einem Freund beisammen sein, eine Blume betrachten, über die Zukunft oder Vergangenheit nachdenken und dann unsere Ideen, Gedanken, die Bedeutung von Leben, Recht, Gesetz und Ordnung überprüfen. Über uns selbst in all diesen Momenten der Existenz nachdenkend sehen wir, dass es einen Beobachter gibt, einen Prozess der Beobachtung und ein Objekt. Diese drei sind untrennbar, ob das Objekt ein Planet ist, ein Gebäude, ein Freund, mein eigener Körper, meine eigenen Gedanken, meine Aufmerksamkeit, worüber ich nachdenke, wie ich mich nenne, transzendentale Erfahrung oder *Samadhi*; ein Objekt ist immer dabei und ein Prozess, der unsere Wahrnehmung mit dem Objekt verbindet, wird immer da sein.

## 7.1: Formen des Seins

Modi schaffen nicht einfach Eigenschaften oder Möglichkeiten / Potentiale. Sie schaffen Formen von Bewusstsein, die auf ihrem Verhältnis von Einem zu den Anderen basieren. Jede komplexe Wesenheit ist ein *Muster*, bestehend aus Bewusstseins-Bits, die als Bündel von Modi versammelt sind. Menschen und andere Entitäten akkumulieren fortlaufend Bewusstseins-Bits, was wir Erleben oder Erkennen nennen, kontinuierlich die Formen verändernd, die wir mit uns selbst assoziieren. Dies ist individuelle Entwicklung, Wachsen und Evolution.

Jeder Aspekt unserer Realität und jede potentielle Geschichte, durch die wir gehen könnten, existiert virtuell in Purem Bewusstsein, was das Feld aller Möglichkeiten ist. Was indessen realisiert wird, hängt ab von dem Zusammentreffen der drei spezifischen Faktoren von *Bewusstsein*. Wie bereits besprochen definieren drei Faktoren - $O^R$, $O^G$ und $O^D$ – die verfügbaren Möglichkeiten für eine individuelle Wesenheit mit einzigartigen Charakteristiken. Sie erlauben durch verschiedene Kombinationen der Drei die Ausdrucksformen spezifischer Bewusstseins-Bits. Allerdings ist

$$S_{Jane} = (O^R, O^G, O^D)$$

das Beisammensein allen Potentials dessen, was Jane erleben kann und ist Ausdruck eines bestimmten Zeitpunkts. Das bedeutet, dass $S_{Jane}$ ein virtuelles Konzept ist innerhalb *B*ewusstsein und $S_{Jane}$ deshalb keine reale Entität ist; trotzdem kann Jane auf unterschiedlichen Wegen manifestieren (Jane, die Blume betrachtend, Jane, den Mond beobachtend, Jane, die Kinder beobachtend) in dem Kontext der Tripel, die aus Kombinationen spezifischer Aspekte von jedem der drei Faktoren in $S_{Jane}$ entstehen.

Folglich ist $S_{Jane}$ eine Ansammlung von Möglichkeiten. Diese Möglichkeiten können unter verschiedenen Umständen Realitäten werden. Deswegen, wenngleich sich

Jane sogar verändert und unter diversen Umständen auf verschiedene Weise beobachtet werden kann (jung, alt, fröhlich, müde, Musikerin, Wissenschaftlerin, …); sogar, wenn sie sich selbst aus verschiedenen Perspektiven beobachtet (Lehrerin, Mutter, Dichterin, Wissenschaftlerin, …), agiert Jane dennoch innerhalb einer definierten Kollektion dessen, was ihre Potentiale sind, und $S_{Jane}$ definiert diese Sammlung. Innerhalb dieser Kollektion kann es eine große Anzahl von möglichen Formen geben. Diese Formen sind dadurch gestaltet, welche Bewusstseins-Bits beobachtet und deshalb hervorgehoben werden. Daher gibt es unterschiedliche mögliche Formen derselben $S_{Jane}$. Das ist es, wodurch $S_{Jane}$ eine virtuelle Identität ist, aber mit verschiedenen Mustern, die innerhalb ihrer eigenen Möglichkeiten manifestieren. Jede Form entsteht als das eine oder andere Bewusstseins-Bit innerhalb $S_{Jane}$. Jede neue Erfahrung beleuchtet oder stärkt den einen oder anderen Aspekt der Potentialitäten von $S_{Jane}$. Jane ist daher als ein Individuum zu jedem bestimmten Zeitpunkt selbst irgendein Muster in $S_{Jane}$. Was Jane über sich selbst und ihre Geschichte weiß und über die Kontinuität ihrer Existenz von einer Beobachtung zur nächsten (von einem Bit zum nächsten wandernd) ist, was Jane ihre Fortdauer durch Veränderung nennt. Dieses ist ihr Ego. Daher gibt es eine Vielzahl von möglichen Janes innerhalb $S_{Jane}$. Tatsächlich ist Jane selbst niemals exakt dieselbe Jane, auch innerhalb von lebenslangem Wandel, Wachstum und Entwicklung.

Darüber hinaus hat jede Kollektion von Individuen ihre Identität. Netzwerke von Menschen (Familie, Gesellschaft, Nation, Welt) haben ein „Kollektives Bewusstsein", das eine fundamentale Rolle spielt in ihrer kollektiven Entscheidungsfindung und Identität. Eine Gesellschaft ist daher auch ein Netzwerk in der gleichen Weise, wie ein Individuum aus Netzwerken kleinerer Entitäten oder Modi besteht.

## 7.2: Bewusstsein und Wahrnehmung

Unsere individuellen kleinen Erinnerungen sind die Wahrnehmungen, die wir von den Bewusstseins-Bits haben können, die dazu beitragen, das Muster herzustellen, das wir sind. Einige dieser Erinnerungen steigen unter bestimmten Umständen intensiv zum Bewusstsein auf, während andere latent oder unterbewusst bestehen bleiben, währenddessen einige nicht wieder hergestellt werden können bis die volle Bandbreite der Möglichkeiten unseres Beobachter-Seins ($O^R$) verwendet wird.

Es versteht sich von selbst in unserem Modell, dass zum Beispiel Singularität ein fundamentaler Aspekt unseres Seins ist. Ein Individuum könnte sich dessen niemals auf einem direkten experimentellen Level bewusstwerden, bis seine / ihre Wahrnehmung sich erweitert. (siehe Höhere Bewusstseins-Zustände, Abschnitt 7.5).

Das einzige wahre Selbst von Allem und Jedem ist das ultimative primäre *Bewusstsein*. Es ist alles was ist. Jane, wie alles andere, ist auch „das", aber sie nimmt es nicht wahr. Was sie als sich selbst erkennt, und die Erinnerungen, die sie von sich selbst hat und was sie gewesen ist oder was sie erlebt hat, ist eine Erkenntnis der unterschiedlichen Formen ihres Seins als Jane. Jane als individuelle Wesenheit, sich selbst erkennend, ist in Realität eine spezielle Weise der Wahrnehmung von Singularität. Wenn Jane sich sieht, sieht sie Singularität aus einem limitierten Gesichtspunkt – den als Jane bekannten Gesichtspunkt. Tatsächlich ist es Singularität, die sich selbst sieht aus der Perspektive Jane. In der endgültigen Analyse geschieht alles immer innerhalb $C = C$ (ALL$^R$, ALL$^G$, ALL$^D$). Demgemäß ist $S_{Jane}$ = ($O^R$, $O^G$, $O^D$) eine Untermenge, die in $C$ enthalten ist. Die ultimative wahre Realität von Janes Selbst ist, dass es selbst Singularität ist. Alle anderen Perzeptionen und Identifikationen sind nur verschiedene Gesichtspunkte. Wenn Jane mich denkt, mich selbst, mein Ego, mein Sein und meine Identität, ist sie sich bewusst, denkt und spricht über die ULTimative Singularität, wie sie sie aus ihrem eigenen speziellen Blickwinkel sieht. Es ist so, wie wenn zwei Leute zwei unterschiedlich getönte Brillen tragen und auf dasselbe weiße Objekt schauen. Einer sagt, das Objekt ist rot; der andere sagt es sei gelb. In derselben Weise sehen Jane, John, David, Ravi und Ali jeder auf dieselbe Singularität aus ihrem eigenen Level der Wahrnehmung und Perspektive – und jeder sagt für sich, dies ist Jane, John, David, Ravi und Ali. Jeder identifiziert ebenso mit derselben Sichtweise als Dasein sein eigenes Geliebtes, Innere, Vertraute und private Selbst[19].

## 7.3: Die Reise des Selbst

Was geschieht mit uns nach dem Tod? Was ist unsere karmische Verantwortung? Gibt es eine Kontinuität unserer menschlichen Individualität mit spezifischen Eigenschaften und Geschichten? Wie gerade in dieser Theorie erörtert, ist jedes Bewusstseins-Bit, jedes Erleben, jedes Denkmodell ein Tripel ($O^r$, $O^g$, $O^d$), das zu $C = C$ (ALL$^R$, ALL$^G$, ALL$^D$) gehört. Dieses trifft für jedes Tripel zu, ob virtuell oder real. Daher ist alles, was wir beobachten, träumen oder uns vorstellen, ein Aspekt von $C$. Wenn Dr. John Smith (DJS) über sich selbst nachdenkt, identifiziert er sich mit Namen, Aussehen, persönlicher Situation, Rolle (Doktor, Vater, Freund) und so weiter. Dieses ändert sich im Verlauf der Zeit und unter vielerlei Umständen. Dennoch weiß DJS, dass John – das Kind, das er war, Papi (der Vater) Doktor (der Arzt, der er geworden ist) – alle dieselbe Person sind, als die er sich selbst bezeichnet: sein Selbst, Ego oder Identität.

Jedermann ist gespannt darüber, was mit ihm geschehen wird. Wenn man wächst, die eine oder andere soziale Rolle übernimmt, altert, Kenntnisse und Reife

---

[19] Dieser fundamentale Aspekt vom Selbst wird *Purusha* genannt. Es gibt daher eine unendliche Anzahl von *Purushas* – vom uranfänglichen *Purusha* zu allen *Purushas* (der stille Aspekt des Seins von Allem und Jedem). Die simultane Wahrnehmung der Kollektion aller individueller *Purushas* hat den Namen *Purushottama*.

erwirbt und stirbt, wo ist das „Selbst"? Jedes Atom und Molekül in seinem Körper wird zeitlebens ersetzt oder transformiert. Erscheinungen wechseln, Rollen ändern sich, Wissen, Klugheit, Hoffnungen und Erwartungen ändern sich. Objektiv, physikalisch und sogar mental gibt es nichts, das über die gesamte Lebensdauer von John Smith konsistent geblieben wäre, trotzdem nennt er sich noch John Smith und empfindet sich selbst als dasselbe Individuum mit besonderer Geschichte und Leben. Es sind Wahrnehmung und Erinnerung davon, durch eine Geschichte gegangen zu sein, die das Gefühl erlauben, dass das Selbst aufrechterhalten wurde. Die Dinge ändern sich, aber die Wahrnehmung des Wandels erhält die Kontinuität einer Identität aufrecht, die sich ändert. Man empfindet den Wandel nicht als neue Schöpfung, sondern als Transformation einer existenten Wesenheit, und diese Wesenheit ist als Selbst identifiziert. Das Selbst in Menschen ist Bewusstsein[20]. Es basiert nicht auf der Beständigkeit von Bits, Modi oder Netzwerken. Das Selbst ist die Perzeption von Purem Bewusstsein aus einem bestimmten Blickwinkel, der das Ergebnis der Muster ist, die durch Netzwerke geschaffen wurden.

Man kann sich hunderte Novellen vorstellen oder schreiben über einen kompletten Doppelgänger von John Smith mit hunderten von unterschiedlichen Geschichten. Diese imaginären John Smiths könnten in multiplen realen und imaginären Universen existieren. Theorien von Multiversen haben angeregt, sie über quantenmechanische Kalkulationen und Beobachtungen zu begründen. Die Perspektiven zu Multiplen Universen haben ihren Weg in populäre Schriften und Fiktionen gefunden, mit den Möglichkeiten unterschiedlicher John Smiths, die simultan in verschiedenen Universen leben, jeder mit einer anderen Geschichte. Die Auseinandersetzung über das Selbst von John Smith wird deshalb noch faszinierender. Falls John Smith in verschiedenen

---

[20] Kommentar U.K.: Demnach ist das Selbst nicht sequentielles Geschichtsempfinden und damit nicht der Zeit unterworfen.

Universen mit unterschiedlichen Geschichten sein kann, kann DJS in New York sich fragen, ob alle oder einige ebenso er selbst sind.

In dieser Theorie sind alle Aspekte von John Smith virtuelle Realitäten, die im Feld des Puren Bewusstseins als Mitglieder von ALL koexistieren. Nicht nur diese Aspekte und Historie von DJS, der im 21. Jahrhundert in New York lebt, sondern alle möglichen Aspekte der Doppelgänger von John Smith, die unter allen Arten von Verhältnissen und Rollen in allen Arten von Plätzen und Zeiten leben. Sie koexistieren als virtuelle Konzepte im unbegrenzten Feld des Puren Bewusstseins, in ALL. Diese Konzepte können sequentielle oder simultane Bewusstseins-Bits werden, unabhängig von einem besonderen John Smith. Wie in dieser Theorie oben erörtert, existiert John Smith nicht real; nur Tripel sind real. Warum und welcher Aspekt und Historie von John Smith es bis zur „Realität" bringen kann, ist eine Sache komplexer Interaktion zwischen all dem, was John Smith und die Umwelt ausmacht, indem spezielle Formen bzw. Muster von John Smith geschaffen werden.

Nicht nur alle möglichen DJS-Doppelgänger, sondern alle virtuellen Entitäten all' dessen, was wir wahrnehmen können in unserem Universum, und all' dessen, was wir erfassen und uns vorstellen können in der Vergangenheit, Gegenwart und Zukunft, sind simultan verfügbar im unbegrenzten Feld von Bewusstsein. Sie sind simultan verfügbar als virtuelle Wesenheiten. Und wie wir erörtert haben, werden sie nur real, wenn sie ein Tripel sind. Ein Tripel zu werden heißt, real in Zeit und Raum einzutreten.

Um dieses klarer zu machen, biete ich zwei Analogien an. Die erste Analogie handelt von einer Stadt mit vielen Gebäuden, in denen sich Museen befinden. Ein Besucher geht zu verschiedenen Gebäuden mit unterschiedlichen Museen, in denen diverse Galerien mit verschiedenen Kunstwerken sind. Die Gebäude sind mit Aufzügen, Rolltreppen oder Treppen ausgestattet, die die Wege einschränken, auf denen der Besucher herumgehen kann. Der Besucher kann auswählen, welche Kunstwerke, die er oder sie mag, im Museum entdecken möchte, aber diese Auswahl ist dadurch eingeschränkt, welche Kunstwerke in welchen Galerien präsentiert werden. Der Besucher kann sich entscheiden, eine bestimmte Galerie, das Museum oder das Gebäude zu verlassen und zu einem anderen zu gehen – das ist die Freiheit des Besuchers – aber die Arrangements der Museen beschränken, welche Kunstwerke der Besucher sehen kann und in welcher Anordnung. Innerhalb der Stadt existieren gleichzeitig alle Kunstwerke als alle Möglichkeiten für die Besichtigung durch den Besucher, aber die Inhalte und Reihenfolge für die Besichtigung sind begrenzt. Unterschiedliche Besucher können deshalb durch unterschiedliche Sequenzen in ihren Besichtigungen gehen und mit der Zeit verschiedene Historien mit unterschiedlichen Sequenzen des Erlebens erschaffen. Dennoch werden alle die Kunstwerke simultan präsentiert.

Die zweite Analogie behandelt denselben Punkt, aber vielleicht mit größerer Klarheit. Stellen wir uns vor, es gäbe einen sehr schnellen komplexen Computer mit fast unbegrenztem Speicherplatz, in dem alle möglichen Arten von Bildern und Szenerien enthalten sind. Sagen wir also, dass es hochentwickelte Algorithmen gibt, die diese Bilder in komplexen Sequenzen sammeln können, basierend auf den Mustern der Tastatur, auf der man die Eingabe macht. Ein Mann, der niemals irgendeinen Computer gesehen hat, sieht jetzt diesen Computer und fängt zum ersten Mal an, auf der Tastatur zu tippen. Sofort erscheinen unterschiedliche Bilder auf dem Bildschirm. Für ihn als den Betrachter kommen die Bilder eines nach dem anderen zustande. Er sieht nämlich – sein Tippen; und einen Effekt – die Bilder, die plötzlich auf dem Bildschirm erscheinen. Er tippt und der Computer produziert einen sequentiellen Strom von Bildern, die ihm ein Gefühl geben vom Zeitablauf. Er glaubt, dass er freie Wahl hat, weil er auswählt, welche Taste er tippt, und sein Tippen produziert scheinbar die Bilder. Was er nicht weiß ist, dass alle vorstellbaren Bilder simultan auf dem Computer gespeichert sind, und dass einzelne Bilder auf dem Bildschirm aufgerufen werden in Übereinstimmung mit Regeln, die ebenso auf dem Computer gespeichert sind.

Die Bilder sind auf der Festplatte in einem digitalen Format gespeichert. Wenn man den Computer beiseite nehmen würde und würde die Festplatte direkt untersuchen, wären keine Bilder zu sehen, sondern nur eine Art konzeptionslose Scheibe! Trotzdem sind alle Bilder in einer elektronischen Form codiert. In unserer Analogie entsprechen die Codes virtuellen Entitäten, die simultan jederzeit verfügbar sind. Wenn man die Tasten drückt, erscheinen reale Bilder auf dem Bildschirm. Der Prozess, die Bilder auf den Bildschirm zu bringen, ist der Prozess der Manifestierung dessen, was latent und virtuell ist. Virtuelle Existenz in reale Existenz zu bringen, geschieht sequentiell. Das ist so wegen der Algorithmen und auch wegen der Tatsache, dass du nicht zwei Bilder gleichzeitig auf dem Bildschirm haben kannst, auch wenn sie gleichzeitig auf der Festplatte existieren. Der eine Bildschirm beschränkt dich, und deshalb kannst du die Bilder nur in zeitlicher Reihenfolge sehen. Es ist möglich, auch mehrere Bildschirme zu haben und deshalb mehrere Bilder zur selben Zeit. Das ist das Konzept des Raums.

Der Mann, der nicht weiß, wie der Computer arbeitet, denkt, dass er eigentlich die Bilder erschafft, in zeitlicher Folge oder auf unterschiedlichen Flächen. Sukzessive realisiert er, dass er für das verantwortlich ist, was geschieht, aber er hat nicht das volle Verständnis dessen, wie es funktioniert und warum irgendetwas in einer bestimmten Zeit geschieht. Er könnte gerade die Folge F.L.O.W.E.R gedrückt haben, und eine Rose erscheint. Aber vorher hat dieselbe Sequenz eine Tulpe produziert! Was er nicht weiß ist, dass der Computer programmiert wurde, auf Basis der vorangegangenen Muster der Tastenanschläge entweder eine Rose, eine Tulpe oder irgendeine andere Blume zu zeigen.

Nun, die simultane virtuelle Koexistenz aller Möglichkeiten auf der Festplatte bedeutet nicht, dass Unordnung und Chaos die Oberhand haben. Die Programme und

Algorithmen in unserer Analogie sind hochentwickelt und können für jede Sequenz von Tastenanschlägen gelten.

Willkürliche bedeutungslose Sequenzen von Bildern können vorkommen, aber Ordnung, Harmonie und Perfektion sind ebenso präsent und können sich manifestieren und gleichermaßen real sein. In unserer Analogie korrespondieren die Algorithmen mit dem, was wir die Naturgesetze nennen, was später, in Abschnitt 9, behandelt wird. Aus willkürlichem Drücken der Tasten wird Versuch und Irrtum: während der mit dem Computer spielende Mann beginnt zu verstehen, wie es funktioniert, kann er allmählich lernen, die Reihenfolge der Tasten zu drücken, die ihm die größte Erfüllung und Zufriedenheit geben. Das ist es, was wir Evolution nennen.

Kommen wir zurück zu DJS, wir können fragen, wo DJS ist. Wir stellen in absoluten Termini fest, dass es nichts dergleichen gibt wie ein reales Subjekt, Prozess oder Objekt, das DJS genannt wird; es ist nur ein Tripel, in dem er erscheint, das als eine bestimmte Wesenheit mit einiger Konstanz und Identität existiert. Das Gefühl von Selbst für DJS selbst ist die Wahrnehmung seiner Existenz als einzigartige Form, obwohl eine Form diese fortwährend ändert.

Innerhalb des Netzwerks $S_{JohnSmith}$ wird es unterschiedliche Formen von John Smith geben. Einige dieser Formen mögen nicht gerade John Smith heißen und könnten in einem Universum leben oder erlebt werden, das unterschiedlich ist von dem des DJS aus New York. Dort könnte es deshalb innerhalb desselben $S_{"JohnSmith"}$ eine große Anzahl von verschiedenen Historien und augenscheinlichen Individuen geben. Sie alle gehören zum selben virtuellen $S_{"JohnSmith"}$. Sie alle teilen deshalb dasselbe virtuelle *Jiva* (Seele). Wenn zwei gleichartige Formen innerhalb $S_{"JohnSmith"}$ zur gleichen Zeit existieren, kann gesagt werden, dass sie in verschiedenen Welträumen (verschiedenen Universen) existieren. Wenn sie als sequenziell existierend verstanden werden, kann gesagt werden, sie existierten in unterschiedlichen Zeiten. In dieser Theorie sind Zeit und Raum Konzepte (siehe Unterabschnitt 6.4 weiter oben).

Die Transformationen in den Formen von DJS während seiner Lebenszeit erreichen eventuell einen Punkt, an dem die Veränderungen ziemlich dramatisch werden im Vergleich zu seinem Startpunkt (Geburt). Die Bedingungen, unter denen die Geschichte von DJS stattfand (das Leben von DJS) werden nicht mehr adäquat sein für das folgende Wachstum und die Entwicklung seiner Form. Das geschieht, wenn der Tod eintritt. Die bestimmte Form, die DJS vor seinem Tod erreichte, ist unter den Umständen nicht mehr länger aufrechterhaltbar. Die Form ist nicht länger feststellbar, resultierend aus DJSs Tod. Es gibt viele Auffassungen darüber, was nach dem Tod geschieht. Eine davon ist Reinkarnation, verstanden als dieselbe Form, die unter angemesseneren Umständen und unter unterschiedlichen Bedingungen mit einer sichtbaren Identität wiedererscheint. Die erneut wiedergeborene Form von DJS fährt fort, sich unter neuen Bedingungen und Umständen zu entwickeln, die für die Form angemessener sind. Die wiedergeborene künftige Form von DJS wird höchstwahrscheinlich einen anderen Namen tragen, obwohl sie noch zum selben $S_{\text{„JohnSmith“}}$ gehört. Dies ist das Konzept der Fortführung der Reise der Seele.

Die Sammlung $S_{\text{„JohnSmith“}}$ beinhaltet eine große Zahl kleinerer Sammlungen, einschließlich derer, die in Verbindung stehen zu Partikeln, Atomen, Molekülen, Zellen, Organen, Organ-Systemen und die komplette Physiologie und Anatomie. Das sind die diversen Netzwerke, die die Formen konstituieren, die einem Individuum eine Identität verleihen. Lernen, Kenntnisse und die Erfahrung von größeren und weiteren Aspekten der Natur und ihrer Dynamiken entwickeln die Formen des Individuums der Funktionsweisen und erhöhen individuelle Erkenntnis von einer beschränkten Vorstellung zu einem mehr und mehr erweiterten Vorstellungsvermögen. Jede Beschädigung der menschlichen Anatomie und Physiologie ist ein Schaden an seinen Bestandteilen – den Modi, Netzwerken und Formen, die die Individualität bilden.

Selbst-Entwicklung und individuelle Evolution geschehen innerhalb der Lebenszeit, durch Lebenszeiten und in multiplen simultanen Existenzen, derlei wie zum Beispiel in der Realität eines Multiversums erdacht werden kann. Evolutionssprünge, solche wie der Übergang von einem Mineral zu organischem Leben, von unbelebter zu belebter Existenz oder vom Tier zum Menschen, kommen vor als immer mehr zusammengefügte Kollektionen in Richtung der Fähigkeit, größere und immer größere Ganzheit zu erleben und ultimativ zur Wahrnehmung von Singularität – ULT.

Die Richtung der Entwicklung jeder individuellen Entität, Netzwerks oder Musters (die Reise des Selbst) kann sein:

(1) in Richtung auf weniger bedeutende und beschränkte Perspektiven, zu kleineren und weniger organisierten Formen führend. Dies geschieht, wenn die Bewusstseins-Bits addiert werden zu oder hervorgehoben werden in eine Form destruktiver Natur; das heißt, die Fähigkeit, größere Vollständigkeit und Singularität zu mindern. Das wird üblicherweise genannt: negativ, schlecht, sündhaft, ungesetzliche Aktion und so weiter.

(2) ohne wirklichen Wandel. Kein Wachstum und keine Regression. Neue Bewusstseins-Bits sind weder destruktiv noch evolutionär.

(3) gerichtet auf stärkere Wahrnehmung von Ganzheit und ultimativer Singularität. Neue Bewusstseins-Bits führen zu größerer Komplexität und Geordnetheit.

Höchste Entwicklungszustände in den Formen aller Wesenheiten treten auf, wenn die Entität gewachsen ist in ihrer Fähigkeit, die Gegebenheiten des Primats von

Bewusstsein als ein unbegrenztes Feld aller Möglichkeiten wahrzunehmen und das Einssein der Singularität als wahre Essenz von Allem. Es gibt Stationen im menschlichen Bewusstsein, durch die diese Zustände erreicht werden können. Dieses sind Abschnitte der Entfaltung von Formen. Dies geschieht, wenn die Form das Ende allen Bemühens und die Erfüllung der Reisen aller Modi erreicht. Das ist es, wenn das Individuum auf einem empirischen Level vollständig bewusst wird, dass das eigene Selbst ultimative Singularität ist. Ein einzelnes Individuum erreicht eine hochgradig entwickelte Form, die ihm oder ihr erlaubt, ULT als sein oder ihr eigenes Ego zu erleben. Der Blickwinkel auf das Selbst hat nun äußerste Achtsamkeit erreicht. Was einst wahrgenommen wurde als individuelles Selbst, wird nun als Ultimative Singularität erlebt – das Selbst von Allem und Jedem! In menschlicher Wahrnehmung werden diese Höhere Zustände von Bewusstsein genannt.

## 7.4: Zustände des Bewusstseins

Wir haben Bewusstseins-Bits, Modi, Formen und Netzwerke beschrieben. In verschiedenen Kombinationen führen diese zu dem, was Individualität ist. Menschen, als Individuen, erleben und gehen durch einen weiten Bereich von Bewusstseins-Zuständen (schlafen, träumen, wachen und so weiter). Innerhalb dieser Zustände von Bewusstsein gibt es ein breites Spektrum von Variationen zwischen einem Individuum und einem Anderen. Das impliziert die verschiedenen Wahlmöglichkeiten und Entscheidungen, die ein Individuum hat und trifft. Sogar wenn zwei Individuen im Großen und Ganzen vergleichbare Bereiche von für sie verfügbaren Möglichkeiten haben, kann das Potential, dass die eine oder andere dieser Möglichkeiten als eine Komponente eines Bewusstseins-Bits realisiert werden kann, unterschiedlich sein.

Des Weiteren gibt es in unterschiedlichen Zuständen der Aufmerksamkeit (schläfrig, müde, wachsam, hellwach, hyperwachsam und so weiter) und in verschiedenen Zuständen des Bewusstseins (wachen, träumen, schlafen usw.)

verschiedenartige Potentiale, die mehr oder weniger für ein Individuum zugänglich sind. Was Schlaf vom Koma unterscheidet, zum Beispiel, ist die Wahrscheinlichkeit, dass man gewisse Eigenschaften oder Fähigkeiten vom Beobachter-Sein $O^R$ wiederfinden und erleben kann. Aus normalem Schlaf kann man recht problemlos aufwachen und in einem wachsamen Zustand sein. Aus dem Koma ist das weniger zugänglich und weniger wahrscheinlich. Daher beinhaltet der Bereich $O^R$ Elemente, die während eines Bewusstseins-Zustand mehr oder weniger verfügbar sind als andere. In einer späteren Abhandlung werden diese komplexen Zusammenhänge in mathematischen Formeln auf der Basis der Konstrukte, die in diesem Papier präsentiert werden, mit ergänzenden Details dargestellt werden. In dem vorliegenden Papier sind diese Zustände und Beispiele im vorherigen und im nächsten Abschnitt darüber, wie höhere Bewusstseins-Zustände in unserem Modell verstanden werden können, einfach erklärt.

Für ein Individuum sind die sogenannten normalen Bewusstseins-Zustände tiefer Schlaf, träumen und wachen. Beispiele modifizierter Bewusstseins-Zustände sind der vegetative Zustand und Koma. Wie wir oben erklärt haben, gibt es auch höhere Bewusstseins-Zustände. Diese wurden durch Maharishi Mahesh Yogi beschrieben. Sie sind Kosmisches Bewusstsein, Gottes-Bewusstsein und Ganzheits-Bewusstsein.

## 7.5: Höhere Zustände des Bewusstseins

Es liegt innerhalb des Bereiches von Möglichkeiten für jedes menschliche Wesen, zu höheren Bewusstseins-Zuständen aufzusteigen. Dieser Aufstieg wird beschleunigt und integrativer dadurch, sich häufiger systematischen, friedlichen Bewusstseins-Bits auszusetzen. Jede Erfahrung im Leben eines Individuums kann die Ausrichtung auf die Wahrnehmung von Singularität verstärken oder abschwächen. Der schnellste Weg, die Fähigkeit zum Erleben von Singularität zu stärken, ist es, immer größere Ganzheit anzustreben. Es gibt verschiedene Praktiken, die direkt oder indirekt darauf abzielen. Sie beinhalten Hingabe an höhere Werte und letzte Wirklichkeiten wie in Gebet und Gottesfürchtigkeit. Es gibt auch direkte nicht auf Glauben basierte Techniken des Bewusstseins wie Transzendentale Meditation und andere Techniken der vedischen Wissenschaften von Maharishi. Diese Techniken ermöglichen die individuellen Formen, um die Ultimative Singularität direkt zu ergründen, die von Maharishi als Pures Bewusstsein bezeichnet wird. Durch das Ergründen des Feldes des Puren Bewusstseins oder Singularität, wird *B*ewusstsein selbst mehr und mehr das, was wir erleben und über uns selbst wissen. Das geschieht einfach durch Verstärkung der Erfahrung von Purem Bewusstsein durch wiederholte Übung. Dass diese Ergebnisse des Wachsens hin zu höheren Bewusstseins-Zuständen nicht theoretisch sind, ist die Erfahrung von Millionen von Menschen auf der ganzen Welt. Diese Erlebnisse dokumentieren auf einem experimentellen Level den Wandel in der Qualität der Achtsamkeit, was zu höheren Bewusstseins-Zuständen führt, in denen wir den ganzen Bereich der Möglichkeiten erfahren. In anderen Worten, wir erweitern unser Beobachter-Sein $O^R$, was unsere Möglichkeit erweitert, Alles aus der vollsten Perspektive zu erleben. In Termini des hier präsentierten Modells verstärkt die wiederholte direkte Praxis Puren Bewusstseins durch Transzendieren das spezielle Bewusstseins-Bit, das *B*ewusstsein als unendlich und grundlegend aufrechterhält. Dieses macht die Erfahrung dominant, so dass unser Verständnis dessen, was unser Selbst ist, im Licht von Purem Bewusstsein gesehen zu werden beginnt.

## 7.6: Transzendentales Bewusstsein

Die direkte Erfahrung des Puren Bewusstseins durch Transzendentale Meditation führt zu einem Status, wo das Bewusstseins-Bit sich auf Singularität ausrichtet. Das Individuum erreicht allmählich einen Zustand, in dem die Wahrnehmung pure Existenz ist, Singularität und nichts anderes. Dieses wird Transzendentales Bewusstsein genannt. Die Erfahrung ist $C_{TC}$ = ($O^r$, $O^g$, →ULT); wo $O^r$ allmählich zum Puren

Bewusstsein, zu ULT, neigt, mehr und mehr entsprechend der Wiederholung der Praxis. Das Erlebnis von Transzendentalem Bewusstsein kann dann ausgedrückt werden als

$$C_{TC} = (\rightarrow ULT, \rightarrow ULT, \rightarrow ULT).$$

Der Bereich $O^R$ erweitert sich nach und nach, tendierend zu ULT, indem er mehr und mehr geöffnet wird als Objekt der Erkenntnis.

## 7.7: Kosmisches Bewusstsein

Das Beobachter-Sein $O^R$ würde erweitert werden wegen des Effekts eines neuen zum Selbst $S$ hinzukommenden Modus. (siehe Axiom 3) Der neue hinzugefügte Modus ist der Modus $M_{TC}$ von

$$C_{TC} = (\rightarrow ULT, \rightarrow ULT, \rightarrow ULT).$$

Während die Praxis wiederholt und stabilisiert wird, erreicht das Individuum die Befähigung, völliges Pures Transzendentales Bewusstsein zu erleben als sein oder ihr wahres Selbst, sogar während der sogenannten normalen Zustände von Bewusstsein: wachen, träumen und schlafen.

Das Individuum empfindet sich selbst als Pures Bewusstsein. Wenn es vollkommen konstant gehalten wird, führt dies zu einem sogar noch höheren Status von Bewusstsein, der von Maharishi Kosmisches Bewusstsein genannt wird.

Für Jane ist Kosmisches Bewusstsein:

(1) $S_{Jane} = (O^R, O^G, O^D)$.
Dies ist die Einheitlichkeit all' dessen, was Jane ist.

(2) Wie Jane auf ihr eigenes $O^R$ schaut:

$$S_{\text{Jane}}{}^{oR} = (O^{r1}, O^{g1}, \text{ULT})$$

(3) Wie Jane auf ihr eigenes $O^G$ schaut:

$$S_{\text{Jane}}{}^{oG} = (O^{r2}, O^{g2}, O^G)$$

(4) Wie Jane auf ihr eigenes $O^D$ schaut:

$$S_{\text{Jane}}{}^{oD} = (O^{r3}, O^{g3}, O^D)$$

Anmerkung: $O^{r1}$ ist nicht ULT; tatsächlich ist es reduziert auf genau einen Wert in dieser Aussage, und das ist die Befähigung, ULT in sich selbst zu sehen und nichts anderes.

Hierin hat die Wahrnehmung ihres eigenen $O^R$ als expandiert die Empfindung des Selbst von Jane als Pures Bewusstsein eingeschlossen; schrankenlose Unendlichkeit zusammen mit allen vorangegangenen Möglichkeiten. Beobachter-Sein $O^R$ und $O^{R1}$ sind selbst nicht unendlich, weil sie noch nicht das Feld aller Möglichkeiten außerhalb sehen. Gleichwohl ist dieses der Status in den Vedischen Wissenschaften, wo man geachtet wird als jemand, der die Befreiung der Wahrnehmung des Selbst von Grenzen durch Modi (Bewusstsein) und Bits (Erlebnisse) erreicht hat.

## 7.8: Gottes-Bewusstsein

Im Gottes-Bewusstsein sieht das Individuum die perfekte Ordnung des gesamten Bereiches von Existenz und Leben und die Perfektion der Göttlichen Natur auch außerhalb seines Selbst.

Für ein Individuum Jane, zum Beispiel, besteht Gottes-Bewusstsein aus vier Aspekten:

(1) $S_{Jane} = (O^R, \rightarrow ALL, O^D)$.

Dies ist die Einheitlichkeit all dessen, was Jane ist.

(2) Wie Jane auf ihr eigenes $O^R$ schaut; $O^R$ ist das Objekt.:

$$S_{Jane}{}^{oR} = (O^{r1}, \rightarrow ALL, ULT)$$

(3) Wie Jane auf ihr eigenes $O^G$ schaut; $O^G$ ist das Objekt.

$$S_{Jane}{}^{oG} = (O^{r2}, \rightarrow ALL, ALL)$$

(4) Wie Jane auf ihr eigenes $O^D$ schaut; $O^D$ ist das Objekt.

$$S_{Jane}{}^{oD} = (O^{r3}, \rightarrow ALL, \rightarrow ALL)$$

In der Entfaltung höherer Bewusstseins-Zustände in einem Individuum entwickeln sich alle drei Komponenten in diesen Aspekten in Richtung auf ULT. Das zunächst zu erreichende ULT ist der vertrauteste Teil unseres Selbst, die Empfindung unseres eigenen Ego; gefolgt von der Wahrnehmung dessen, was uns mit der Umwelt verbindet, $O^G$; und zuletzt die Umwelt selbst, $O^D$, wie wir weiter unten im Ganzheits-Bewusstsein sehen werden. Der Terminus $\rightarrow$ULT kennzeichnet einen Wert, der in Richtung Singularität tendiert, aber es noch nicht vollständig erreicht hat. Wenn ULT tatsächlich für $O^G$ erreicht ist, während $O^R$ schon als ULT wahrgenommen wird, dann ist Ganzheits-Bewusstsein automatisch erreicht. Das ist noch nicht der Fall im Gottes-Bewusstsein.

## 7.9: Ganzheits-Bewusstsein

Im Ganzheits-Bewusstsein erfasst das Individuum alles in Begriffen der Ganzheit. Alles ist wahrhaftig *Ein Unbegrenzter Ozean von Bewusstsein* in Bewegung.

Für Jane bedeutet Ganzheits-Bewusstsein:

(1) $S_{Jane} = (\rightarrow ALL, ALL, O^D)$. Dies ist die Einheitlichkeit all dessen, was Jane ist.

(2) Wie Jane auf ihr eigenes $O^R$ schaut; $O^R$ ist das Objekt

$$S_{Jane}{}^{oR} = (\rightarrow ALL, ALL, ULT)$$

(1) Wie Jane auf ihr eigenes $O^G$ schaut; $O^G$ ist das Objekt

$$S_{Jane}{}^{oG} = (\rightarrow ALL, ALL, ALL)$$

(1) Wie Jane auf ihr eigenes $O^D$ schaut; $O^D$ ist das Objekt

$$S_{Jane}{}^{oD} = (\rightarrow ALL, ALL \rightarrow ALL)$$

Beim Erreichen von Ganzheits-Bewusstsein hat man Ganzheitlichkeit – vollkommene Wertigkeit echter Sinneswahrnehmung von real und unreal, existent und nicht existent, Begrenzung und Grenzenlosigkeit.

## 8.: Wellenfunktion und ihr Kollaps

Wie oben besprochen ist alles Bewusstsein – Bewusstseins-Bits und Bewusstseins-Modi. Nehmen wir noch einmal das Beispiel eines Elektrons. Ein Elektron ist eine virtuelle Entität, definiert durch einen Bewusstseins-Modus mit der Spezifikation $M_e = (O^R, O^G, O^D)$. Die drei Komponenten - $O^R$, $O^G$ und $O^D$ – definieren den Bereich der Bedingungen, unter denen ein Elektron beobachtet werden kann $O^G$, den Weg, wie es als ein Objekt $O^D$ erscheinen kann, und seine eigene Fähigkeit, Veränderungen festzustellen oder auf sein Umfeld zu reagieren $O^R$. Daher hat das Elektron tatsächlich eine Beobachter-Sein-Qualität und eine Reihe von Möglichkeiten, wie es sein Umfeld wahrnehmen (oder „observieren") kann. Es kann zum Beispiel ein elektromagnetisches Feld wahrnehmen. Wie wir es in dieser Abhandlung getan haben, ist Beobachter-Sein in der weitesten Bedeutung zu nehmen, um nicht nur menschliche mentale Perzeption, sondern ebenso jede Erkennung, Reaktion oder Interaktion einzuschließen.

Zu versuchen, ein Elektron als ein isoliertes Objekt zu finden, das in der Leerheit existiert, heißt nach Nichts zu suchen. Allerdings kann es ein Konzept eines Elektrons geben wie

$$Concept_e = (0, 0, e).$$

Aber das ist eine nicht existente Entität. Es gibt daher kein Erfordernis, nach ihm als einer separaten Entität zu suchen. Der scheinbare Kollaps der Wellenfunktion meint in dieser Theorie nicht, dass es ein wirkliches Elektron irgendwo gibt, lokal oder nicht, und nun sei es durch den Beobachter zu verwirklichen. Es heißt vielmehr, dass Konditionen möglich sind, wo ein Bewusstseins-Bit generiert werden kann, in dem ein Elektron das Objekt der Beobachtung ist.

Es gibt keinen Grund, fortlaufend überall nach einem Elektron der Spukhaften Fernwirkung Ausschau zu halten. Überdenke zum Beispiel das berühmte Gedankenexperiment, das Erwin Schrödinger 1935 vorgeschlagen hat. Einfach gesagt, nach Maßgabe des Experiments, ist eine Katze in einem Kasten, und ob die Katze tot ist oder lebendig, hängt von dem zufälligen Ereignis eines besonderen subatomaren Teilchens ab. Ob Schrödingers Katze tot ist oder lebendig, ist allerdings einfach ein Konzept. Dieses Konzept kann verwirklicht werden in der Anwesenheit eines bestimmten Beobachters, Prozess der Beobachtung und einer Katze. Anderenfalls existiert die Katze selbst auch nicht als ein Objekt in der Leere. Alles, was im Universum existiert, ist ein Bewusstseins-Bit, hat einen Modus oder ist definiert durch ein Netzwerk und Formen von Bewusstseins-Modi. Unabhängige „Objekte", ob Menschen, Götter, Partikel oder Katzen, sind nur Konzepte.

Schrödingers Katze ist daher keine unabhängige Entität. Dazu gehört ein Bewusstseins-Bit, bestehend aus Beobachter, Prozess der Beobachtung und Beobachtetes. Ob das Bewusstseins-Bit die Katze tot oder lebendig findet, hängt von den drei Faktoren zusammen ab. Darüber hinaus muss der Beobachter nicht ein Mensch sein oder ein belebtes Objekt – es könnte jede Entität sein, es wäre sogar möglich, dass ein Partikel in der Lage ist, die Rolle des Beobachter-Seins zu übernehmen.

Ist das Elektron eine Welle oder ein Partikel? Unsere Theorie sagt, keines von beiden. Das Elektron ist ein Konzept, das als Welle erscheint, wenn es einen Beobachter und zwei Spalte in einer Barriere gibt. Dasselbe Konzept eines Elektrons taucht als ein Partikel auf, wenn es einen Beobachter und nur einen Spalt in der Barriere gibt. In diesem Fall ist es die Modifikation der Bedingungen des Observations-Prozesses ($O^g$) die zu einem neuen Ergebnis führt. Jede Änderung einer der drei Komponenten kann zu einem andersartigen Resultat führen. Die Anzahl der Spalte zu ändern oder Wechsel des Beobachters zu, sagen wir mal, einem anderen Elektron, entspricht der

Änderung des Elektrons als ein $O^d$! die Entität, die real ist, ist nicht das Elektron durch sich selbst als Objekt der Beobachtung, sondern das ganze System unter Einbeziehung der drei Komponenten. Es ist wichtig auch festzuhalten, dass die drei Komponenten nicht beschränkt sind auf den individuellen Wissenschaftler und die Doppel-Schlitz-Barriere oder Ein-Schlitz-Barriere. Es ist die gesamte wissenschaftliche Gesellschaft und die Gesellschaft in der Gesamtheit, der Raum, das Land, die Welt und das Universum. Alle drei Komponenten sind selbst nur Konzepte, die realisiert werden durch die Union von jedem der drei in der Funktion Beobachter, Beobachtetes und Prozess der Beobachtung.

Einstein fragte einen Quantenphysiker, ob der Mond ohne einen Beobachter existieren würde. Unsere Antwort ist, dass nichts existiert ohne einen Beobachter, Prozess der Beobachtung und Beobachtetes. Sie sind die drei Elemente, die *Bewusstsein* bewusst machen und demzufolge existieren. Alles sind Bits von Bewusstsein (spezifische Erfahrung) und Bündel von Bits – Entitäten von *Bewusstsein* - Formen von Bewusstsein.

Weder unser Ego noch unser Selbst ist einfach ein Beobachter. Wir sind ein Bündel von Bewusstseins-Bits, dessen Bandbreite vom Beobachter-Sein, Beobachtend-Sein und Beobachtet-Sein unsere Identität definiert. Wir können es Muster von Bewusstsein nennen. Wir sind ein Muster von Bewusstsein – so ist alles andere. Muster können mehr oder weniger komplex und mehr oder weniger geordnet sein.

Was wir unser individuelles Selbst nennen, sind daher gleichzeitig unsere Körper, Gemüter und Intellekt genauso wie alles das, was einen Eindruck auf uns gemacht hat; unsere Freunde, Verwandte, alles Handeln, das wir vollbringen, unser Lernen, unsere Erlebnisse, unsere Erinnerungen. Alles, was wir durchleben und durchlebt haben, was einen Eindruck auf uns hinterlässt, ist unsere menschliche Dimension und Dasein. Unser individuelles Selbst ist ein Bündel – ein Muster von Bewusstsein.

Was wir sehen, werden wir: worauf wir unsere Aufmerksamkeit richten, das wird stärker in unserem Leben. Das liegt daran, dass die Bewusstseins-Bits, die wir durchlaufen, die Realitäten sind, die sich summieren und kombinieren in dem Muster von Bewusstsein, das wir sind, und die unser Bewusstseins-Muster modifizieren.

# 9: Die Naturgesetze

Wie wir in der zweiten Analogie in Abschnitt 7.3 besprochen haben, koexistieren alle Modi des Bewusstseins simultan. Diese simultane Koexistenz aller Interaktionen zwischen Beobachter, Beobachtung und Beobachtetem im Speicher der unendlichen Möglichkeiten, der Bewusstsein ist, bedeutet nicht, dass Unordnung und Chaos vorherrschen. Möglichkeiten der Ordnung, Harmonie und Perfektion sind ebenso präsent und sind gleichermaßen wirklich. Hinzu kommt, dass wir etwas erfassen können von präsenten Beobachtern in unterschiedlichen Modi in verschiedenen Arten von Universen.

In unserem Universum gibt es Konstanten wie die Lichtgeschwindigkeit $c$, Plancks Konstante $h$ und Newtons Gravitationskonstante $G$, die die Naturgesetze genau beschreiben – die Gesetze, durch die Beobachter und Objekte in unserem Universum interagieren.

Die Art und Weise, wie zwei Partikel „auf einander schauen", werden durch den Elektromagnetismus sowie die Schwache und Starke Kernkraft beschrieben. Die Art, wie zwei Planeten „auf einander schauen", beschreibt die Gravitation beziehungsweise die Krümmung der Raum-Zeit. Diese und andere Gesetze und Konstanten definieren die Möglichkeiten des Beobachter-Seins oder, wie wir sagen könnten, Wahrnehmungsmöglichkeiten – die vielen Werte von $O^G$ – in unserem Universum. Sie bestimmen die Restriktionen innerhalb des Systems. Einige erlauben Wahrnehmungen von Geschehnissen, die augenscheinlich nur für Sekundenbruchteile existieren; andere erlauben Wahrnehmungen, die anscheinend ewig sind. Ungeachtet ihrer Lebensdauer sind alle wahrgenommenen Ereignisse Bewusstseins-Modi, und alle Modi koexistieren unaufhörlich. Die Empfindung von Zeit in unserem Universum ist eine Konsequenz der Beschränkungen im System, die dem charakteristischen $O^G$ geschuldet sind, das unser Universum definiert. Diese Grenzen können bedeuten, dass wir Ereignisse als sich in bestimmten Sequenzen ereignend beobachten.

Dies entspricht unserer alltäglichen menschlichen Erfahrung. Alle möglichen Arten, die Realität zu erforschen, sind gleichzeitig präsent. Im Leben durchlaufen wir sie sequentiell. Es ist ein besonderes Merkmal unseres Beobachter-Seins, dass es durch Wahrnehmung in zeitlicher Folge begrenzt ist. Wenn wir ein Ereignis nach dem anderen durchleben, fühlen wir, dass diese Geschehnisse eines nach dem anderen vorkommen oder geschaffen werden und daher in der Zeit. Aber faktisch sind alle hier und jetzt und es sind die Zwänge unseres Universums, die unser Menschsein beschreiben und die Ereignisse in Zeit zu setzen scheinen. Diese Begrenzungen, die Naturgesetze, sind die Wertsetzungen von $O^G$, die Wertsetzungen des Beobachtend-Seins.

Die zweite Analogie in Abschnitt 7.3 beschreibt diese Idee gut. Wir bieten auch eine andere sehr einfache Analogie an. Wir können an eine DVD denken, auf der ein Film aufgezeichnet wurde. Die DVD enthält alle Ereignisse des Films gleichzeitig. Aber unser DVD-Player beschränkt uns darauf, die Geschehnisse des Films in zeitlicher Reihenfolge abzuspielen.[21]

---

[21] *Kommentar U.K.:*

# 10.: Freier Wille und Determiniertheit

Der Bereich von $O^G$ für jede einzelne Entität definiert die Zwänge, unter denen diese Entität funktioniert (beobachtet). Der Bereich von $O^R$ beschreibt die Fähigkeit einer Entität zu beobachten (zu funktionieren) innerhalb dieser Zwänge. Zwei unterschiedliche Entitäten unter demselben $O^G$ werden unterschiedliche Bereiche von Möglichkeiten haben. Ein Mann und ein Affe auf dem Planet Erde könnten in Betracht gezogen werden, nach gleichartigen $O^G$s zu arbeiten, aber genau genommen sind die Spielräume ihrer Fähigkeit, zu arbeiten oder zu beobachten, unterschiedlich, und daher sind auch ihre Freiheitsgrade verschieden.

Die Bewusstseins-Modi, die zusammen eine Entität wie ein menschliches Wesen oder ein belebtes oder unbelebtes Objekt konstituieren, sind gemeinsam die Faktoren, die die Entität beschreiben in seinem $O^R$ und erlauben es, innerhalb der Bandbreite $O^G$ zu funktionieren und beobachtet zu werden in einem Bereich $O^D$. Diese sind deterministisch. Der Spielraum innerhalb jedes $O^R$, $O^G$ und $O^D$ definieren die

---

*G ist in dieser Abhandlung grundsätzlich als Prozess des Beobachtens eingeführt. Ich meine allerdings, dass G darüber hinaus prinzipiell als Gravitation betrachtet werden kann. Gravitation ist Anziehung, also Prozess der Verbindung – die Beziehungen zwischen den Dingen und Entitäten. Ob die Funktion G in dem Sinn stehen kann, dass der Prozess der Beobachtung allgemein nur als physikalische Anziehung gelten kann oder auch auf geistige Prozesse theoretisch anwendbar ist, ist für mich eine offene Frage. Sucht die Wissenschaft gegenwärtig ohne Aussicht auf Erfolg nach einer Verbindung der Allgemeinen Relativitätstheorie zur Gravitation (als Grundlage der „Theorie für Alles – ToE), weil G eine der Grundlagen für das Bewusstsein ist? Das „Gegenstück" wäre Antimaterie als abstoßende Gravitation, die das Universum auseinandertreibt. Ich schlage vor, eine Erweiterung von G in die Theorie aufzunehmen im Sinne Buddhas: wenn wir das Begehren aufgeben, verlassen wir jede Art von „Anziehung" – dann verlassen wir die Realität und kehren zurück in die Potentialität.*

Freiheitsgrade. Jedes neue Bewusstseins-Bit begrenzt den Bereich zu einem bestimmten $O^r$, $O^g$ und $O^d$. Als solches beschränkt es die Bandbreite von Möglichkeiten, die aus ihm erscheinen (danach eintreten) können. Dies ist es, was gewöhnlich als Ursache und Wirkung angesehen wird, den deterministischen Aspekt des Gesetzes.

Ein Atom zum Beispiel funktioniert in einem sehr restriktiven Bereich. Ein menschliches Wesen hat sehr viel breitere Spielräume. Zwischen Menschen kann der Bereich beträchtlich variieren, basierend auf ihrem Bewusstseinszustand, Erziehung, Vorurteilen und so weiter – in anderen Worten, basierend auf der komplexen Ansammlung von Bewusstseins-Bits, die seine Individualität bilden.

Zwänge (Gesetze) sind nicht begrenzt auf die sogenannten „physikalischen" Gesetze, aber können Überzeugungen und selbst auferlegte oder kollektiv auferlegte Beschränkungen umfassen. Diese können moralische, religiöse, nationale, kulturelle und traditionelle Gesetze einschließen. Der Unterschied zwischen physikalischen Gesetzen und mensch-gemachten Gesetzen liegt in dem Grad, in dem sie als deterministisch oder verletzbar empfunden werden. Die physikalischen Gesetze, gesehen aus einer klassischen Perspektive, sind total deterministisch und unverletzlich. Menschgemachte Gesetze werden gewöhnlich als verletzbare Konventionen angesehen. Jedes Bewusstseins-Bit jedoch modifiziert die Entität in einer besonderen Art, und dieses könnte entweder den Spielraum beschränken oder erweitern. Ein Bewusstseins-Bit, das auf ULT ausgerichtet ist, und das die Wahrnehmung von Ganzheit und Verbundenheit erlaubt, erweitert den Bereich. Ein Bewusstseins-Bit mit einer eng begrenzten Perspektive, das isoliert und von Ganzheitlichkeit abkoppelt, beschränkt die Bandbreite. Freiheit wächst mit Erweiterung der Spielräume und vermindert sich mit Einengung des Bereichs.

In diesem Modell von *Bewusstsein* koexistieren alle vorstellbaren Möglichkeiten für $O^R$, $O^G$ und $O^D$ in ALL. In dem Status der Erkenntnis ist Freiheit total und unbegrenzt, weil der Spielraum nicht limitiert ist.

## 11.: Grenzenlose Fähigkeit zur Veränderung: Omnipotenz

Die Wahrnehmung von einem Bewusstseins-Bit zu einem anderen zu verlagern ist Veränderung. Zu sagen, dass man totale und uneingeschränkte Fähigkeit zur Veränderung hat, bedeutet, dass man fähig ist, seine Wahrnehmung von jedem Bewusstseins-Bit zu jedem anderen Bit verlagern kann.

Veränderung kann für jede Entität nur innerhalb des Bereiches vorkommen, in dem diese Entität operieren kann. Der Bereich ist, wie wir gesehen haben, definiert durch $O^R$, $O^G$ und $O^D$ . In einer begrenzten Perspektive – unter eingeschränkten Spielräumen von $O^R$, $O^G$ und $O^D$ – gibt es eng begrenzte Möglichkeiten von Veränderung. Wenn die Bereiche weniger restriktiv sind, kann mehr Veränderung mit größerer Freiheit hervorgerufen werden. Der ausgedehnteste Grad von Freiheit und Änderungsfähigkeit erlaubt jeglichem einzelnen Bewusstseins-Bit, jedem anderen Bewusstseins-Bit Möglichkeiten innerhalb des uneingeschränkten Bereiches von ALL. Man kann alles sein, alles tun und alles augenblicklich realisieren. Dieses ist unendliche Freiheit und Omnipotenz. Dieser Status wird einem Modus oder Muster von Bewusstsein zugeschrieben, der gewöhnlich als „göttliche" Natur angesehen wird.

Dieses Omnipotenz-Vermögen beeinträchtigt jedoch nicht jede andere Geschichte oder Kompetenz der Entität. Es funktioniert innerhalb seines eigenen Bereiches und ist unabhängig von allem anderen. Es beeinträchtigt oder modifiziert keinen anderen Wirkungsbereich. In anderen Worten, die Gesetze bleiben die Gesetze, und was immer deterministisch ist für einen Bewusstseins-Modus, wird nicht modifiziert durch „göttliche" Intervention als solche. Anders gesagt wird Gott nicht die Gesetze des Universums ändern, um einem Dieb zu helfen, mit seiner Beute zu verschwinden. Die Fähigkeit, Dinge zu verändern, sogar in einer Weise, die übernatürlich aussehen mag, kann geschehen, wenn das Bewusstsein eines Individuums das Feld aller Möglichkeiten ergründet. In diesem Zustand erfährt oder beschwört (ruft hervor) das Individuum einen breiteren Bereich von Möglichkeiten als die, dem er oder sie im Leben unterworfen war. Diese Erschließung der Bewusstheit zu einer höheren ausgedehnteren Realität von Bewusstsein erweitert den schmalen individuellen Spielraum. Das ist es was zu Ergebnissen führt, die normalerweise für unwahrscheinlich, übernatürlich oder gar unmöglich gehalten werden. Deshalb kommt es darauf an, wie ausdehnungsfähig das Bewusstsein des Beobachters ist, vielmehr wie einige äußere Störungen (göttliche oder anderweitige) sich mit den Naturgesetzen mischen.

## 12.: Raum, Zeit, Schöpfung und Evolution

Aus der vorstehenden sequentiellen Darstellung der Entstehung von Vielfalt mag man als gegeben annehmen, dass es eine zeitliche Folge in der Erscheinung von Modi, Entitäten oder Bewusstseins-Bits gibt. Das ist nach dem vorhandenen Modell nicht der Fall. Die Drei-in-eins-Struktur von *B*ewusstsein ist eine Voraussetzung für das *B*ewusstsein, bewusst zu sein. In derselben Weise sind alle Diversifikationen spontane, simultane, koexistente Modi von Bewusstsein. Einfacher gesagt heißt dieses, dass das volle Potential aller möglichen Bewusstseins-Bits und alle Entitäten simultan in allen Zeiten koexistieren. Alle Objekte – physikalisch und materiell – sind Teil der Dynamik von *B*ewusstsein. Sie erscheinen auf ihre Art, einige konkreter, einige als Energie und andere als Gedanken, basierend auf den Bedingungen, unter denen sie beobachtet werden und den zugehörigen Bewusstseins-Modi, die sie konstituieren.

Wie vorher in diesem Artikel besprochen, reicht der Bereich der Möglichkeiten innerhalb von *B*ewusstsein von unendlicher Fülle zur kompletten Leerheit oder Nichts. In dieser Spannweite von Unendlichkeit zu einem Punkt existieren alle möglichen großen und kleinen Perspektiven von *Bewusstsein*. Diese Perspektiven selbst werden beobachtbare Entitäten oder Konzepte. Dies ist das Feld aller Möglichkeiten, ständig auf sich selbst zurückkommend und endlos kaskadierend Bewusstseins-Bits, Modi, Formen, Netzwerke und andere Entitäten generierend. Diese und ihre Interaktionen können mehr oder weniger isoliert erscheinen, mehr oder weniger transparent oder opak zu einander, mehr oder weniger verständlich durch einander. Die Dynamiken zwischen ihnen beschreiben die Gesetze, die ihre Interaktionen regeln. Dies ist die Realität all dessen, was wir Objekte nennen. Wenn der Beobachter ein Mann mit einem Mikroskop ist, einem Teleskop oder einem Zyklotron; oder wenn Elektromagnetismus gemessen wird anstatt Schwerkraft; oder ob Daten klassisch analysiert werden oder quantenmechanisch, mit oder ohne Konzept der Relativität oder Wahrscheinlichkeit, dann werden unterschiedliche Eigenschaften und unterschiedliche Schlussfolgerungen und Erkenntnisse der Realität auftreten.

Dies ist es, auf welche Weise zur selben Zeit alle Aspekte von *Bewusstsein* unterschiedlich sind und unter verschiedenen Bedingungen unterschiedlich erscheinen können, während alles *Bewusstsein* ist.

Es wird in unserer Analyse von Raum, Zeit und Evolution hilfreich sein zu unterscheiden zwischen diesen zwei Gesichtspunkten, nennen wir einen die relative Perspektive auf die Realität und den anderen die absolute Perspektive auf die Realität. Wenn wir im Gefilde der offensichtlichen Differenzen agieren, die zugrundeliegende Gesamtheit missachtend, die die Perspektive voraussetzt, dass alles nichts ist außer *Bewusstsein*, sagen wir, wir operieren auf dem Level von *relativer* Erkenntnis oder relativem Verständnis. Dies ist die Realität, die wahrgenommen wird im wachen Zustand von Bewusstsein vor dem Aufstieg in höhere Bewusstseins-Zustände. Dieses ist gegensätzlich zu dem, was wir die *absolute* Perspektive nennen, wie sie in dieser Abhandlung vorgeschlagen wird, dass *Bewusstsein* alles ist was ist und ewig und grenzenlos in Zeit und Raum, was wir vollständig nur begreifen können im Ganzheits-Bewusstsein.

Nun, die begleitenden Phänomene mit den Geschichten und offenkundigen Entwicklungen und Evolution von Entitäten und Bewusstseins-Bits sind auch Subjekt in dieser Unterscheidung zwischen relativen und absoluten Perspektiven. Lasst uns untersuchen, wie Raum und Zeit gesehen werden können.

Raum ist eine Vorstellung von unterschiedlichen Entitäten, die nicht überlagert werden können; ansonsten wären sie nicht unterschiedlich. Wenn zwei Objekte den exakt gleichen Raum belegen sollten, wären sie nicht zwei unterschiedliche Objekte. Weil die Entitäten unterschiedlich sind, entsteht das Konzept des Raumes. Raum ist der Behälter dieser Entitäten, und er muss eine Dimension haben, der für die Entitäten passend ist. Dies ist präzise auf dem relativen Level der Wahrnehmung, aber auf dem absoluten Level der Wahrnehmung, in dem präsentierten Modell, wo es nichts Physikalisches gibt und alles ein Modus des Bewusstseins ist, ist Raum ultimativ nicht real. Dasselbe gilt für die Zeit, wie unten erläutert wird.

Wie kommt es, dass Menschen nicht nur Objekte wahrnehmen, sondern auch Geschichten von Objekten, und wie kann uns Wissenschaft ziemlich präzise Fakten liefern über Zeit und Evolution, den ganzen Weg vom Urknall bis zur Gegenwart?

In der kaskadierenden Entstehung aller Möglichkeiten sieht eine Art der Wahrnehmung, ein Modus von Bewusstsein, den Ursprung und Evolution einer besonderen Entität oder Wesenheiten von Bedeutung in sich selbst. Dies wird interpretiert als Geschichte und Entwicklung in der Zeit. Diese Interpretation kann absolut präzise sein aus einer Perspektive, aber die Begriffe, die gebraucht werden, um es zu beschreiben, und die materielle Realität davon sind nur wahr in relativen Begriffen, die auf der

Wahrnehmungsfähigkeit des Beobachters basieren. Dieses sagt nur, dass jede Geschichte immer persönlich ist und eher relativ als absolut.

Eine Möglichkeit, auf den Urknall zu schauen, ist zum Beispiel, das Folgende zu sagen: in dem Prozess, in dem die ungeformte Unendlichkeit von *Bewusstsein* des eigenen Punktwertes gewahr wurde, kollabierte die Unendlichkeit zu einem Punkt. In physikalischen Termini: das ist es, wenn etwas durch Kompression Hitze erschafft. Unendliche Kompression produziert unendliche Hitze, die zum Urknall führt und dem Erscheinen all der nachfolgenden Geschichten. Dies ist ein Blickwinkel aus einer Perspektive, die Beginn und Ende erfordert, Ursache und Wirkung und Entwicklung von Zeit. Sequentiell gesehen scheinen Bewusstseins-Modi Kreation und Evolution in der Zeit zu verursachen. Jedes Bewusstseins-Bit, jede Möglichkeit ist grundverschieden von jedem anderen Bit, und jedes ist real. Was nicht real ist – was illusionär ist – ist, jedes Bit als separat von *Bewusstsein* wahrzunehmen, aber nichts ist separat von *Bewusstsein*. *Bewusstsein* ist alles was ist; es gibt nichts außer *Bewusstsein* und seine vielen Bits. Die Wahrnehmung, dass materielle Dinge separat von *Bewusstsein* sind, ist irreführend aus der absoluten Perspektive.

## 13.: Ist mein Bewusstsein wie deines?

Wenn ein menschlicher Beobachter eine Blume anschaut, könnte die Interaktion beschrieben werden durch das Bewusstseins-Bit *($O^r = x$, $O^g = y$, $O^d = z$)*, wo x, y und z die Kombinationen von vielen Variablen repräsentieren. Jede Interaktion, jede Erfahrung kann durch ein solches Tripel definiert werden. Diese Tripel entstehen nicht sequentiell und sind nicht separat von *Bewusstsein*. Alle möglichen Tripel sind gleichzeitig verfügbar als unterschiedliche Bewusstseins-Modi.

Wie es in diesem Artikel durchgehend gemacht wurde, wird der Terminus „Bewusstsein" in dem breitest möglichen Sinn verwendet, dass jegliches

Zusammenkommen eines Beobachters, einer Beobachtung und eines Beobachteten gemeint ist. Dieses beinhaltet jede Aktion oder Reaktion, jede Transformation, Austausch oder Interaktion jeder Art. Diese Definition von Bewusstsein bringt uns über das hinaus, was gewöhnlich als menschliches Bewusstsein verstanden wird. Von der dynamischen Form der kontinuierlich interagierenden Merkmale von Beobachter, Beobachten und Beobachtetem könnten wir das Bewusstsein definieren, das in jeder gegebenen Situation ausgedrückt oder erfahren wird. Das heißt zu sagen, die dynamische Form einschließlich der besonderen Eigenschaften, die sich im Erlebnis eines spezifischen Bewusstseins-Bits untereinander beeinflussen, würde die Erfahrung beschreiben. Folglich wird das Problem, ob die Farbe Rot für dich dieselbe Farbe Rot für mich ist, durch die Analyse dieses Musters gelöst. Wenn du dasselbe Nervensystem hast wie ich, wenn wir im selben Universum sind, wenn wir am selben Ort in Raum und Zeit sind, und wenn ein Objekt, das wir beobachten dasselbe ist, dann würden wir dieselbe bewusste Erfahrung von dem Objekt haben. Die Tatsache, dass wir niemals vollständig dasselbe sind, meint, dass unser Erleben des Objekts ein bisschen unterschiedlich sein wird. Aber wir sind so ähnlich, dass unser Erleben des Objekts *weitgehend* dasselbe ist, und das kommt, weil wir einander verstehen können und Übereinstimmung erreichen können über die Ähnlichkeiten unserer Erfahrungen.

Wenn ein Gehirn verletzt ist oder wenn die Hirnstruktur oder Funktion sich aus irgendeinem Grunde wandelt, verändert sich auch das Erleben von Bewusstsein des Individuums. Wie kurz erörtert zum Beginn dieses Artikels, hat diese Tatsache viele Forscher rückschließen lassen, dass Bewusstsein ein Nebenprodukt der Hirnaktivität ist. Aber das ist nicht das, was wirklich geschieht. Wie in dieser Abhandlung beschrieben, gibt es nichts Physikalisches außerhalb von *B*ewusstsein, das mit sich selbst wechselwirkt. Also drücken die Änderungen im Hirn die Tatsache aus, dass Veränderung in den Mustern oder Modi von Bewusstsein stattgefunden haben, die das Hirn ausmachen. Physikalische Veränderungen spiegeln Änderungen in Bewusstseins-Modi, und diese neuen Modi sind verbunden mit neuen Erlebnissen.

Je mehr wir in der Lage sind, die Modi und Muster zu verstehen, die ein Individuum ausmachen, desto mehr können wir berichten, was sein oder ihr Bewusstsein ist und wie allumfassend und breit angelegt es ist. Deshalb studieren wir die Modi, die sie ausmachen, wenn wir zwei Individuen vergleichen und verwenden biometrische Marker.

Wenn wir die Komplexität und Ordnung nachvollziehen, heißt das, die Modi und Muster von jedem Individuum, Menschen, Pferd oder Baum nachzuvollziehen; dann können wir sagen, welchen Bewusstseins-Level es hat. Je mehr wir wissen, desto mehr können wir klinisch den Bewusstseinszustand evaluieren, ob vegetativ, Koma, erholsam ausgeschlafen, erleuchtet.

Mit diesem Modell kann uns, was physikalisch ist, über das Bewusstsein berichten, das es ausmacht. Das kommt, weil das Physische nichts ist als *B*ewusstsein.

Abermals, wie angegeben, hat *B*ewusstsein in sich alle möglichen Modi, alle möglichen Formen von Bewusstsein, erscheinend von Null bis zu unendlichen Mengen von Beobachter-Sein, Beobachtend-Sein und Beobachtet-Sein, allem Anschein nach zusammen wirkend mit jedem anderen. Zwei Charakteristika dieses Zusammenwirkens sind Komplexität und Ordnung. Eine Interaktion von enormer Komplexität und Ordnung zum Beispiel, solche wie ein vollständig und regelrecht funktionierendes menschliches Nervensystem mit seiner beinahe unendlichen Anzahl von möglichen neuronalen Verbindungen, kann sehr vollständiges Wissen der inhärenten Möglichkeiten von *B*ewusstsein bereitstellen. Künftige Arbeiten werden Komplexität und Ordnung aus diesem Blickpunkt untersuchen.

## 14.: Wie kann es sein, dass wir unser Universum verstehen?

Eine Quelle großen Erstaunens (und ein hauptsächliches Werkzeug moderner wissenschaftlicher Methoden) ist die Übereinstimmung zwischen Mathematik und Natur. Entdeckungen wie Komplementarität und Nichtlokalität in der Quantentheorie fordern unser Vertrauen heraus, dass jede mathematisch beschriebene physikalische Theorie jemals perfekt mit der physikalischen Realität übereinstimmen kann; gleichwohl haben die Entwicklungen in mathematischer Physik uns in die Lage versetzt, Natur mit viel größerer Präzision zu verstehen als in vergangenen Jahrhunderten und, auf der Basis, mächtige effektive Technologien zu entwickeln, um unsere Lebensqualität zu verbessern. Mathematik ist anscheinend ein reines Produkt des menschlichen Geistes, dennoch spiegelt sie die Ordnung der Natur, die außerhalb des Geistes zu liegen scheint. Warum ist das so? Der Grund ist, dass Formen des Bewusstseins unseren Geist konstruieren, unser Nervensystem und unser Universum; alle sind Theaterstücke des einen *B*ewusstseins. Was innerlich Sinn macht für unsere Gemüter, trifft auch äußerlich zu. Mathematik reflektiert unser Universum, weil die komplexen Muster unserer Gemüter, unsere Physiologie und das Universum sich innerhalb des einen *B*ewusstseins zutragen; alle sind Modi der selbst-wirksamen Drei-in-eins-Natur.

Offenkundig ist diese Übereinstimmung nicht nur auf Mathematik beschränkt. Jeder Zweig der Wissenschaften, Künste und Geisteswissenschaften – kurz jedes Feld menschlichen Wissens und Aktivität – reflektiert die Dynamiken der Naturgesetze. Die Strukturen menschlicher Sprachen, die Geschichten, die wir einander erzählen und unsere traditionellen kulturellen Gebräuche – alle zeigen dieselben Bewusstseins-Muster wie in unserem Nervensystem und unserem Universum.

Es wurde bestritten, dass einige antike Traditionen sich ableiten von einem sehr tiefen, reinen und unschuldigen Level direkten Erlebens von Bewusstsein durch „erleuchtete" Weise und infolgedessen detaillierte und praktikable Kenntnis der fundamentalen Bewusstseins-Formen schenken. Beginnend in den 1990ern, angeleitet durch Maharishi Mahesh Yogi, wurde ich in dieses Feld geführt, um die Strukturen und Funktionen einer solchen Erkenntnis-Tradition zu untersuchen – Veda und die indische Vedische Literatur – und sie mit unserem modernen wissenschaftlichen Wissensstand der Strukturen und Funktionen menschlicher Physiologie zu vergleichen [3, 4, 5]. Die auffallend präzisen und detaillierten Übereinstimmungen, die ich fand, zeigen in dieselbe Richtung wie die präsentierte Thesis in diesem Artikel: namentlich, dass die Muster der innerlichen Dynamiken der offenkundigen Drei-in-eins-Natur von *Bewusstsein* sowie die diese Gesetze steuernden Dynamiken uns als Strukturen und Aktivitäten unseres Geistes, unserer Körper und unseres Universums erscheinen.

## 15.: Anwendung des Bewusstseins-Modells auf ein physikalisches Problem

Lassen Sie uns nun dieses Modell auf eines der schwierigeren Gebiete der Wissenschaft anwenden, den „Kollaps" der Wellenfunktion in der Quantenphysik, ein Phänomen, das einer Vielzahl von Interpretationen in den ungefähr 100 Jahren, seit es entdeckt wurde, Aufschwung gegeben hat.

Quantenmechanik beschreibt das Verhalten von Materie und Energie auf atomaren und subatomaren Ebenen. Der Zustand eines Partikels (das ist seine Position in Raum und Zeit) wird durch eine Wellenfunktion beschrieben, die eine Superposition von vielen Zuständen ist. Daher kann nicht gesagt werden, das Partikel habe eine festgelegte Position. Wenn eine Beobachtung stattfindet, heißt es, die Wellenfunktion sei „kollabiert"; das meint, dass im Moment der Beobachtung oder Messung das Partikel eine bestimmte Position eher annimmt als eine Wahrscheinlichkeitsverteilung, wie sie durch die Wellenfunktion dargestellt ist. Es scheint auf einen einzigen Zustand reduziert und die Position des Partikels in Raum und Zeit erstmals präzise determiniert zu sein.[22]

Diese Erkenntnis, formalisiert in den 1920ern als die sogenannte Kopenhagener Deutung durch Niels Bohr und Andere und nach wie vor die meistens gelehrte Interpretation, hat viele Fragen aufgeworfen. Die meisten dieser Fragen richten sich darauf,

---

[22] *Kommentar U.K.*

*Ein Beispiel als Anmerkung: Wir können es vielleicht am ehesten vergleichen mit einem Foto oder Standbild aus einem Film: wir sehen nur eine kurze Momentaufnahme eines komplexen Geschehens, das sich unaufhaltsam dynamisch fortsetzt.*

was geschieht, wenn man das Phänomen generalisiert, um alles einzubeziehen, das aus Partikeln besteht, was jegliche Materie meint. Die Implikationen dieser Auffassung beinhalten, dass Objekte beobachtet werden müssen, um von nichtlokalen wahrscheinlichen Möglichkeiten zu der einen zu kollabieren, die wir beobachten. Einstein, dem diese Idee nicht gefiel, fragte in einem berühmten Gedankenaustausch: „Denken Sie wirklich, dass der Mond nicht da ist, wenn Sie ihn nicht anschauen?" und „Existiert der Mond, weil eine Maus ihn ansieht?" Einstein wandte gegen den Gedanken auch ein, impliziert in die Interpretation, dass ein Beobachter durch freien Willen eine Wellenfunktion kollabieren lassen könnte und damit vielleicht den Verlauf der Ereignisse verändern würde. Dieses könnte implizieren, dass die Reihenfolge der Ereignisse nicht durch Gesetze determiniert ist. In einem berühmten Brief an Max Born von 1926 schrieb Einstein [2]: „Ich bin auf jeden Fall überzeugt, dass er (Gott) nicht würfelt."

Andere Wissenschaftler haben seitdem vorgeschlagen, dass die Wellenfunktion niemals wirklich kollabiert – dass Partikel an unterschiedlichen Orten zur selben Zeit, aber in parallelen Universen existieren. Andere bleiben einfach bei der Idee, dass die Wellenfunktion kollabiert, dass wir freien Willen haben, und dass das genau die Art ist, wie die Dinge sind. Es wird berichtet, dass Bohr in seiner Antwort an Einstein sagte: „Schreiben Sie Gott nicht vor, was er zu tun hat." Andere haben vorgeschlagen, dass der Beobachter die Wellenfunktion kollabieren lässt und dass aber der Beobachter kein menschliches Wesen sein muss: es könnte ein Photon sein oder jedes Partikel, das mit einem anderen interagiert.

Einer der Gründe, warum quantenmechanische Phänomene verwirrend sind, ist, dass unsere tägliche Wahrnehmung auf makroskopischer Ebene abläuft, nicht auf dem sehr kleinen quantenmechanischen Level. Wir empfinden Objekte und Personen als separate Wesenheiten, die miteinander interagieren und mit der sie umgebenden Welt; wir haben keine direkte Vorstellung von der fließenden, probabilistischen

Realität, die Quantenmechanik beschreibt. Nobel-Preisträger Steven Weinberg [9] brachte es auf den Punkt, dass Teil von Einsteins Problem war, dass er den Beobachter und die Messapparatur klassisch betrachtet hat und nur das Partikel quantenmechanisch behandelt wurde.

Als generelle Erklärung können wir sagen, dass die oft rätselhafte Natur von quantenmechanischen Phänomenen weniger verwirrend ist, wenn sie aus der Perspektive von *Bewusstsein* betrachtet wird. Im Modell von *Bewusstsein* schlage ich vor, dass nicht die Nichtlokalität oder lokalisierte Objekte das Problem sind. Die Wurzel des Problems ist die Idee der eigentlichen Existenz von Objekten als von *Bewusstsein* unabhängigen Entitäten. Nichts existiert außerhalb des Bereichs von Beobachter, Beobachtetem und dem Prozess der Beobachtung. Der Wissenschaftler (oder jeder Beobachter), die Instrumente (alle Bedingungen der Observation) und die Objekte (jedes Konzept oder Entität) zusammen sind unteilbar in dem einen Bewusstseins-Bit. Alle Objekte sind nur Konzepte, wenn sie außerhalb der Drei-in-eins-Struktur von Bewusstsein konzipiert sind.

## 16.: Quantenwahrscheinlichkeit, Deterministische Gesetze, Objektivität und Subjektivität

Die Realität heißt, dass alle Möglichkeiten und alle möglichen Zustände als Konzepte existieren. Unter besonderen Umständen, mit einem bestimmten Beobachter und einem Beobachtetem (Konzept oder Entität) entsteht ein Bewusstseins-Bit. In quantenmechanischer Ausdrucksweise sieht es aus wie ein Kollaps einer Wellenfunktion. Die Wellenfunktion selbst und die Wahrscheinlichkeiten, die sie definieren, sind nur vergleichbar, wenn sie auf einem spezifischen Beobachter, Beobachtungs-Konditionen und einem durchdachten oder beobachteten Objekt real basieren. Das Ergebnis, das Kollaps der Wellenfunktion genannt wird, ist darin deterministisch, dass der Beobachter, die Rahmenbedingungen und das Objekt gemeinsam ein Bewusstseins-Bit schaffen, das für die Situation spezifisch ist. Es ist möglich, dass ein anderer Beobachter oder eine leichte Variation in den Begleitumständen zu einem anderen Ergebnis führen könnten. Dies kann betrachtet werden als der Einfluss des Beobachters auf das Ergebnis des Experiments, aber tatsächlich hat der Beobachter keine Wahlmöglichkeit. Das beruht darauf, dass es für Beobachter-Sein $O^r$ = x, Beobachtend-Sein $O^g$ = y und Beobachted-Sein $O^d$ = z nur eine Lösung gibt: $C_\alpha$ = (x, y, z). Unter vergleichbaren Bedingungen aber mit anderem Beobachter, könnte das Resultat $C_\beta$ = (α, y, z), oder für denselben Beobachter mit einigen Veränderungen in den Bedingungen $C_\gamma$ = (x, b, z) sein.

Jedes einzelne Bewusstseins-Bit ist besonders, und es ist ungleich zu jedem anderen. Das beobachtete $O^d$ = z kann dasselbe Konzept eines Objekts sein, sagen wir Mimi, die Katze. Bislang, unter irgendeiner dieser Bedingungen, kann Mimi die Katze lebendig und gesund gefunden werden, in anderen dahinsiechend und in noch nicht absehbaren anderen Konditionen tot. Es gibt keinen Anlass zu versuchen, Mimi in einem Universum lebend und tot in einem anderen zu finden. Alle Möglichkeiten sind konzeptuell hier und jetzt verfügbar. Die Katze als solche existiert nirgends. Es ist ein Konzept, dass nur unter gewissen Bedingungen und in einer sehr bestimmten Art verwirklicht wird. Deshalb ist Objektivität ein Trugschluss, weil Objekte nicht unabhängig von den Subjekten und dem Prozess, der das Subjekt mit dem Objekt verbindet, existieren. Gleichzeitig ist das Resultat deterministisch für jedes Subjekt, Objekt und den Prozess der Observation.

Es ist interessant zu bemerken, dass das Resultat jedes durchgeführten Experiments, zum Beispiel durch verschiedene Wissenschaftler (unterschiedliche $O^r$s), aber unter exakt denselben Konditionen (dieselben $O^g$s und $O^d$s) von den Ähnlichkeiten zwischen den Forschern abhängen werden. Ähnliche Beobachter können ähnliche Resultate bekommen – das ist die Basis dessen, was Objektivität der Untersuchung in der Forschung genannt wird.

Quantenphysik hat bereits die wesentlich nicht-materielle Natur von materiellen Phänomenen enthüllt. Wie Niels Bohr klargestellt hat: „Alles was wir real nennen besteht aus Dingen, die nicht als real angesehen werden können.". In diesem Artikel hoffe ich dieser Perspektive eine komplettere Gestalt gegeben zu haben, indem ich die fundamentale Realität von *Bewusstsein* jenseits von Zeit und Raum dargestellt habe. Während dieses *Bewusstsein*, wir könnten sagen, „in sich selbst sprudelt", generiert es unendliche Möglichkeiten von Beobachter-Sein ($O^r$, das messende oder beobachtende Merkmal), Beobachtend-Sein ($O^g$, der Prozess von Beobachtung oder Messung) und Beobachted-Sein ($O^d$, das Materie-Partikel, dessen Wellenfunktion kollabiert, wenn Messung geschieht). Alle diese sind nichts als Möglichkeiten innerhalb des Feldes primordialen *Bewusstseins*, in anderen Worten, unterschiedliche spezifische Werte von $O^r$, $O^d$ und $O^g$. Diese Möglichkeiten sind keine separaten Entitäten, aber sie sind vielmehr verschiedene Aspekte der einen Realität oder, wie wir sagen könnten, verschiedene Werte innerhalb eines Zustands – unterschiedliche Modi oder

Formen von *B*ewusstsein im Spiel in sich selbst, wie es sich aus vielen Perspektiven selbst betrachtet.

In Hinsicht auf jedes Objekt oder Entität, sagen wir ein Partikel, gibt es eine unendliche Zahl von Möglichkeiten für $O^r$. Der Beobachter könnte das Ganze sein, das ursprüngliche *B*ewusstsein, wo der Wert von $O^r$ unendlich ist, es könnte ein menschliches Wesen sein (zum Beispiel ein beobachtender Forscher), es könnte ein Baum sein, der Partikel absorbiert oder es könnte ein Molekül sein, das mit ihm reagiert. Die Perspektive eines Moleküls ist zwangsläufig different von derjenigen eines großen Bündels von Partikel wie bei einem Menschen. Die unterschiedlichen Perspektiven repräsentieren verschiedene Bewusstseins-Formen, die sich selbst betrachten. Wenn wir als menschliche Wesen auf uns selbst schauen und auf andere, sind wir Formen oder Modi von *B*ewusstsein, das auf andere Formen schaut. Es gibt Gesetze, die sich auf jede Form beziehen, die die Begrenzungen und Möglichkeiten für jegliche Perspektive definieren.

Aus einer begrenzten Perspektive zu schauen erlaubt uns nur ein beschränktes Verständnis der Realität und konsequenterweise eine limitierte Handlungsfreiheit. Ein Extrem ist die ultimative, absolute Realität, die als *B*ewusstsein definiert wird. Es gibt eine unendliche Anzahl von relativen Realitäten, die Muster sind in diesem Ozean von *B*ewusstsein, was dies betrifft, von null Bewusstsein zum winzigen Bewusstsein eines Partikels zu großen Ansammlungen von Partikeln, die einander betrachten, zu Tieren und Menschen bis zur Gesamtheit unseres Universums. Jedes dieser Modi könnte beschrieben werden durch eine spezifische Sammlung von Werten von $O^r$, $O^d$ und $O^g$.

# 17.: Themen für weitere Studien

In weiteren Studien werden wir die folgenden Themen behandeln.

## 17.1: Konzepte für Gut und Böse

Jedes Bewusstseins-Bit, das Spielräume einschränkt, geht in die Richtung, die wir für „schlecht" halten können bzw. „böse" nennen können. Alles was die Spielräume erweitert, geht in die von uns „gut" genannte Richtung. Dies ist das einfachste und grundlegende Prinzip für alles Gute und alles Schlechte bzw. Böse. Gut und Böse sind deshalb selbst ein Raum von Möglichkeiten. Ein Bit X kann gut sein in Beziehung zu einem anderen Bit Y. Aber X kann schlecht sein in Beziehung zu Z, wenn Z ein Bewusstseins-Bit ist, das die Möglichkeiten mehr erweitert als X.

## 17.2: Evolution

Evolution ist eine Folge von Bewusstseins-Bits, die die Spielräume von Wesenheiten in Richtung der Erweiterung bringen. Der ultimative Status von Evolution ist derjenige, in dem die Entwicklung ULT erreicht und die Möglichkeiten in Richtung ALL expandieren.

## 17.3: Bewusstseins-Zustände

Menschen haben einen weiten Bereich von Möglichkeiten des Bewusstseins, die Bewusstseins-Zustände genannt werden. Innerhalb dieser Zustände kann es wieder einen großen Bereich an Variationen zwischen einem Individuum und einem anderen geben. Dieses ist es, was das Konzept eines individuellen Seins erlaubt und aus dem heraus es in einem mehr oder weniger evolutionären Weg agieren kann. Zum Beispiel gehören dazu: wachen, träumen, schlafen, vegetativer Status, Koma und Tod.

## 18: Zusammenfassung und Fazit

In diesem Artikel habe ich zwei Dinge getan. Erstens habe ich die Grundlagen für ein Modell von Bewusstsein gelegt. Zweitens habe ich dieses Modell auf eine Reihe von Bereichen der „realen" Welt bezogen. In den ganz allgemeinen Begriffen ist das Modell, dass Bewusstsein primär und total ist – weder das Produkt physikalischer Funktionsweise noch ein persönliches, begrenztes, individuelles Erleben. Das fundamentale Postulat ist, dass es ein Bewusstsein gibt, das in und durch sich selbst existiert, unabhängig von jeglichem persönlichen Besitzer dieses Bewusstseins. Darüber hinaus ist Bewusstsein alles was es gibt. Um es vom individuellen Bewusstsein zu differenzieren, benutzte ich die Notation *Bewusstsein*. Weil dieses *Bewusstsein* bewusst ist, hat es innerhalb seiner selbst die drei Merkmale des Beobachters, Beobachtens und Beobachteten. Grundsätzlich kann der Bereich dieser Eigenschaften in Begriffen seiner Bereiche oder Potential von Beobachter-Seins, Beobachtend-Seins und Beobachtet-Seins quantifiziert werden. Ich habe auch das Symbol SNG eingeführt zur Bezugnahme auf die Singularität von *Bewusstsein* und ALL, um Bezug zu nehmen auf die Kollektion aller möglichen Modi von *Bewusstsein*.

Die ersten vier Abschnitte legen die generelle Theorie an, während die verbleibenden Abschnitte dazu dienen, für die Theorie ein tieferes Verständnis und größere Klarheit zu erreichen, indem eine Auswahl von Problemen im Umgang mit Bewusstsein und der Schnittstelle zwischen Bewusstsein und „Bewusstsein in Aktion" in der „realen" Welt behandelt werden. Diese Themen erstrecken sich von einer Diskussion höherer Bewusstseinszustände wie Transzendentales Bewusstsein, Kosmisches Bewusstsein, Gottes-Bewusstsein und Ganzheits-Bewusstsein bis dahin, wo die Naturgesetze Beschränkungen der Werte des Beobachter-Seins sind und dem Verständnis vom „Kollaps der Wellenfunktion" in der Quantenphysik aus der Perspektive von *Bewusstsein*.

In künftigen Artikeln werde ich die Implikationen dieses Modells für verschiedene Felder des Wissensstandes einschließlich einiger wissenschaftlicher Disziplinen wie auch Ontologie, Epistemologie und Ethik untersuchen.

# Literaturhinweise

1. David Chalmers, The conscious mind: in search of a fundamental theory, Oxford University Press, New York, 1996.

2. Albert Einstein,The Born-Einstein letters: friendship, politics, and physics in uncertain times: correspondence between Albert Einstein and Max and Hedwig Born from 1916 to 1955 with commentaries by Max Born, Macmillan, Houndmills, Basingstoke,Hampshire, New York, 2005.

3. Tony Nader, Human physiology: expression of Veda and Vedic literature: modern science and ancient Vedic science discover the fabrics of immortality in human physiology, Maharishi Vedic University, Vlodrop, The Netherlands, 2000.

4. R̄am̄ayan in human physiology: the structures and functions of human physiology discovered in the eternal epic of the Vedic literature—revealing the cosmic nature of the un- foldment of human life, Maharishi University of Management Press, Fairfield, Iowa, 2012.

5. Consciousness is primary: illuminating the leading edge of knowledge: Proceedings of the 2012 Faculty Symposium with Professor Tony Nader, M.D., Ph.D., Maharaja Adhiraj Rajaraam, Maharishi University of Management Press, Fairfield, Iowa, 2013.

6. Craig Pearson, The supreme awakening: experiences of enlightenment throughout time and how you can cultivate them, Maharishi University of Management Press, Fairfield, Iowa, 2013.

7. Max Planck, Das Wesen der Materie [The nature of matter], 1944, Speech at Florence, Italy, Archiv zur Geschichte der Max-Planck-Gesellschaft, Abt. Va, Rep. 11 Planck, Nr. 1797.

8. Fred Travis, Your brain is a river, not a rock, CreateSpace Independent Publishing Platform, Fairfield, Iowa, 2012.

9. S. Weinberg, Einstein's mistakes, Physics Today 58 (2005), no. 11, 31.

# Anhang: Tafel der verwendeten Haupt-Begriffe

Die folgende Tabelle listet die hauptsächlichen Begriffe und Definitionen auf

| Notation | Abschnitt | Beschreibung |
|---|---|---|
| Bewusstsein | 1 | Primäres Bewusstsein jenseits jeder individuellen Erfahrung von Bewusstsein. Die ultimative Singularität |
| SNG | 1 | Nicht-physikalische, nicht-materielle "Singularität", die Bewusstsein ist. |
| $ALL_R$, $ALL_G$, $ALL_D$ | 1 | Alle möglichen Arten, ein Beobachter, ein Beobachtungs-<prozess oder ein Beobachtetes zu sein. |
| ALL | 1 | Aggregate von $ALL^R$, $ALL^G$, und $ALL^D$ |
| $O^R$, $O^G$, $O^D$ | 1 | Beobachter-Sein, Beobachtend-Sein, Beobachtet-Sein-Potential |

| | | |
|---|---|---|
| $O^r$, $O^g$, $O^d$ | 1 | Ausdruck von Beobachter-Sein, Beobachtend-Sein, Beobachtet-Sein in einer besonderen Instanz. |
| ULT | 1 | Erfahrung von Purem Bewusstsein, das heißt, das Erlebnis von Singularität oder Purem Bewusstsein selbst |
| $C\_ = (O^r, O^g, O^d)$ | 2 | Bewusstseins-Bit. Um real zu sein, müssen alle Komponenten $O^r$, $O^g$, $O^d$ ungleich Null sein. sonst handelt es sich um eine virtuelle Entität. |
| $C_r = (SNG, 0, 0)$ | 3 | Konzept der totalen oder vollsten Größe des Merkmals Beobachter-Sein innerhalb von Bewusstsein |
| $C_g = (0, SNG, 0)$ | 3 | Konzept der totalen oder vollsten Größe des Merkmals Beobachtend-Sein innerhalb von Bewusstsein |
| $C_d = (0, 0, SNG)$ | 3 | Konzept der totalen oder vollsten Größe des Merkmals Beobachtet-Sein innerhalb von Bewusstsein |
| $C\alpha = (O^r, O^g, C^r)$ | 3 | Bewusstsein, seine Beobachter-Sein-Natur betrachtend |

$C_\beta = (O^r, O^g, C^g)$    3      Bewusstsein, seine Beobachtend-Sein-Natur betrachtend

$C_\gamma = (O^r, O^g, C^d)$    3      Bewusstsein, seine Beobachtet-Sein-Natur betrachtend

$M_b$      4      Modus eines Bewusstseins-Bits b; die unterschiedlichen Arten, wie b sich selbst einbringen kann als
Beobachter, Prozess der Beobachtung oder Beobachtetes

!ULT      7      Tendenz Richtung ULT

!ALL      7      Tendenz Richtung ALL

Maharishi University of Management, Fairfield, IA

Für Ihre Notizen

_____

_____

_____

_____

_____

_____

_____

_____

_____

_____